马克思主义简明读本

经济危机理论

丛书主编：韩喜平

本书著者：金　运

编 委 会：韩喜平　邵彦敏　吴宏政
　　　　　王为全　罗克全　张中国
　　　　　王　颖　石　英　里光年

吉林出版集团股份有限公司

图书在版编目（CIP）数据

经济危机理论/金运著.--长春:吉林出版集团股份有限公司，2014.4
（2021.2重印）
（马克思主义简明读本）

ISBN978-7-5534-2603-7

Ⅰ.①经…Ⅱ.①金…Ⅲ.①马克思主义政治经济学—研究②经济危机—研究Ⅳ.①F0-0②F039

中国版本图书馆CIP数据核字（2013）第174310号

经济危机理论
JINGJI WEIJI LILUN

丛书主编： 韩喜平
本书著者： 金　运
项目策划： 周海英　耿　宏
项目负责： 周海英　耿　宏　宫志伟
责任编辑： 宫志伟
出　　版： 吉林出版集团股份有限公司
发　　行： 吉林出版集团社科图书有限公司
电　　话： 0431-81629720
印　　刷： 永清县晔盛亚胶印有限公司
开　　本： 710mm×960mm　1/16
字　　数： 100千字
印　　张： 12
版　　次： 2014年4月第1版
印　　次： 2021年2月第4次印刷
书　　号： ISBN978-7-5534-2603-7
定　　价： 36.00元

如发现印装质量问题，影响阅读，请与出版方联系调换。

序　言

　　习近平总书记指出，青年最富有朝气、最富有梦想，青年兴则国家兴，青年强则国家强。青年是民族的未来，"中国梦"是我们的，更是青年一代的，实现中华民族伟大复兴的"中国梦"需要依靠广大青年的不断努力。

　　要提高青年人的理论素养。理论是科学化、系统化、观念化的复杂知识体系，也是认识问题、分析问题、解决问题的思想方法和工作方法。青年正处于世界观、方法论形成的关键时期，特别是在知识爆炸、文化快餐消费盛行的今天，如果能够静下心来学习一点理论知识，对于提高他们分析问题、辨别是非的能力有着很大的帮助。

　　要提高青年人的政治理论素养。青年是祖国的未来，是社会主义的建设者和接班人。党的十八大报告指出，回首近代以来中国波澜壮阔的历史，展望中华民族充满希望的未来，我们得出一个坚定的结论——实现中华民族伟大复兴，必须坚定不移地走中国特色社会主义道路。要建立青年人对中国特色社会主义的道路自信、理论自信、制度自信，就必须要对他们进行马克思主义理论教育，特别是中国特色社会主义理论体系教育。

要提高青年人的创新能力。创新是推动民族进步和社会发展的不竭动力，培养青年人的创新能力是全社会的重要职责。但创新从来都是继承与发展的统一，它需要知识的积淀，需要理论素养的提升。马克思主义理论是人类社会最为重大的理论创新，系统地学习马克思主义理论有助于青年人创新能力的提升。

要培养青年人的远大志向。"一个民族只有拥有那些关注天空的人，这个民族才有希望。如果一个民族只是关心眼下脚下的事情，这个民族是没有未来的。"马克思主义是关注人类自由与解放的理论，是胸怀世界、关注人类的理论，青年人志存高远，奋发有为，应该学会用马克思主义理论武装自己，胸怀世界，关注人类。

正是基于以上几点考虑，我们编写了这套《马克思主义简明读本》系列丛书，以便更全面地展示马克思主义理论基础知识。希望青年朋友们通过学习，能够切实收到成效。

韩喜平

2013年8月

引　言

　　经济危机是资本主义经济发展过程中周期爆发的生产过剩的危机，是建立在机器大工业基础上的资本主义生产方式特有的经济现象。正如马克思所言："1825年爆发的生产过剩的危机，将像轮舞般周而复始一再发生，并正式为这种将会愈来愈棘手的资本主义危机揭开序幕。"

　　2008年美国爆发了由次级房屋信贷行业违约剧增、信用紧缩问题而引发的国际金融市场上的震荡和恐慌，史称"次贷危机"。这是自第二次世界大战后资本主义世界爆发的第六次经济危机。此后，经济危机从虚拟产业蔓延到实体产业，从一国波及世界并诱发欧洲主权债务危机。以致公司倒闭、员工失业、国家破产、政局动荡等后遗症迅速升级，全球经济不确定性增多，前景堪忧。整个世界都笼罩在经济危机的阴霾之下。

　　危机爆发后，西方各阶层中兴起了《资本论》热。西方的一些政要、学者和企业家纷纷开始走进书店，重新翻阅起马克思的经典著作《资本论》：法国总统萨科奇宣称目前在读马克思的《资本论》，德国财政部长史坦布鲁克公开表示同意马克思的部分观点，日本年轻人成群加入日本的共产党，俄国对斯大林的崇拜也有复兴的迹象。英国《泰晤士报》报道说，金融危机使西方人突然重视马克思的《资本论》了。据德国卡尔·迪茨出版社统计，《资本论》在危机发生当年的销量是上年的近三倍。

事实上，在《资本论》诞生后的100多年里，每当人类社会面临重大危机和重大转折时，马克思都会出场。"马克思热"、"《资本论》热"，一方面，是对马克思主义所揭示的资本主义的矛盾和经济社会发展规律正确性的肯定，尤其是"次贷危机"再一次印证了马克思在《资本论》中的预言；另一方，人们希望从马克思那里探寻资本主义金融危机产生的根源并找到走出经济危机的办法和途径。

马克思经济危机理论是马克思主义经济学说的重要组成部分，是马克思主义政治经济学的基本理论之一，是研究资本主义现实经济危机的产物。其经济危机理论分散在《哲学的贫困》、《雇佣劳动与资本》、《共产党宣言》、《政治经济学批判》、《剩余价值理论》和《资本论》等有关章节中。而

《资本论》的问世，则标志着马克思经济危机理论的完成。整个研究历程具有时间的继承性和实践的检验性，具有论证方法的科学性、研究内容的完整性、理论体系的系统性等特点。

马克思关于资本主义经济危机的预言历经一个多世纪的检验，事实再次证明了其理论的科学性和正确性，具有无比强大的生命力。青年学生学习马克思的经济危机理论，一方面，可以理论联系实践，科学分析当前世界经济的热点问题和现象；另一方面，加深对马克思主义理论的认知，领略马克思理论智慧的魅力，学会运用马克思主义理论的立场、观点和方法去认识世界，去分析和解决问题。因此，学习马克思经济危机理论具有重要的现实指导意义。

第一章　经济危机的概论

资本主义经济危机是资本主义进入机器大工业以后开始的，1825年英国发生了第一次全国范围内的工业危机。从那以后，资本主义国家每隔若干年就会爆发一次经济危机。其中1929—1933年的经济危机是资本主义世界经济危机史上规模最大、持续时间最长、破坏力最大的一次危机。经济危机周期性爆发使得资本主义世界从未摆脱过经济危机。据统计，欧美发达国家已经发生了22次较大规模的金融危机。除了两次世界大战期间，基本上平均每隔8—10年发生一次较大的危机，而且范围越来越大、危害程度越来越重，并似乎成了常态。人们不禁质问，资本主义制度这个曾经推动社会生产力迅速发展，创造巨大社会财富，辉煌不可一世的社会制度怎么了？

第一节 什么是经济危机

经济危机指资本主义经济发展过程中周期爆发的生产过剩的危机，是经济系统没有产生足够的消费价值的结果，是一个或多个国民经济或整个世界经济在一段比较长的时间内不断收缩（负的经济增长率）的经济现象。最早的经济危机可以追溯到1637年荷兰的郁金香狂热，这是近代金融史上有史以来第一次投资泡沫，但还没有带上典型的资本主义色彩，影响的范围有限，也不能称为世界性经济危机。人类社会在经历长期的短缺、匮乏之后，1788年，英国棉纺织工业破天荒地出现第一次过剩危机。这是单个部门发生的过剩危机，对其他部门波及影响不大。但随着工厂制度的普遍建立和机器大工业的发展，产业链条的延伸，出现过剩危机的部门越来越多。到了1825年，又是在英国爆发了人类历史上的第一次普遍性的工业生产过剩危机，这场危机几乎冲击了英国所有的工业部门。自1825年英国爆发第一次经济危机以来，资本主义经济从未摆脱过经济危机的冲击。进入第二次工业革命以后，危机更为频繁，直到走向世界大战。两次世界大战均与经济危机有关，或者说都是资本主义经济危机的直接产物。1552—1920年欧洲大陆每十年左右爆发一次经济危机。20世纪以来，世界上大的经济金融危机有20多次，比较著名的有1929年大危机、两次石油危机、拉美债务危机、东南亚金融危机、俄罗斯金融危机等。

经济危机是资本主义经济的特有产物，是资本主义体制的必然结果。由于资本主义的特性，其爆发存在一定的规律。有的学者把经济危机分为被动型危机与主动型危机两种类型。

所谓被动型经济危机是指该国宏观经济管理当局在没有准备的情况下出现经济的严重衰退或大幅度的货币贬值从而引发金融危机进而演化为经济危机的情况。如果危机的性质属于这种被动型的，很难认为这种货币在危机之后还会回升，危机过程实际上是对该国货币价值重新寻求和确认的过程。

主动型危机是指宏观经济管理当局为了达到某种目的采取的政策行为的结果。危机的产生完全在管理当局的预料之中，危机或经济衰退可以视作改革的机会成本。

第二节　经济危机的表现形式

经济危机发生时必然伴随着社会的阵痛，主要表现为：经济衰退、商品过剩滞销、利润减少、失业工人剧增，失业率急剧上升，贫困人口短时期内增多，企业资金周转不灵，工业生产急剧下降、企业开工不足并大批倒闭，生产力和产品遭到严重的破坏和损失、信用制度受到严重破坏，银行纷纷宣布破产、社会经济陷入瘫痪、混乱和倒退状态等。

一般来说，经济危机在第二次世界大战以前和战后表现有所不同。其中生产下降和失业增加是战前与战后经济危机的共同的主要标志。战前与战后不同之处，主要是在货币、金融危机方面。在战前的危机中，一般是通货紧缩，物价下跌，银根吃紧，利率上升，银行挤兑并大批倒闭；而在战后的危机中，由于国家垄断资本主义采取了通货膨胀政策及其他措施，致使各主要资本主义国家在经济危机中出现了生产停滞与通货膨胀同时并存的现象，从1957—1958年的世界性经济危机开始，各主要资本主义国家在危机期间都出现了通货膨胀、物价上涨的反常现象。主要表现为：商品大量过剩，销售停滞；生产大幅度下降，企业开工不足甚至倒闭，失业工人剧增；企业资金周转不灵，银根紧缺，利率上升，信用制度受到严重破坏，银行纷纷宣布破产等。

第三节　经济危机的特征

资本主义经济危机是生产过剩的危机。但是，资本主义经济危机所暴露的生产过剩，并不是生产出来的商品真正超过了人民群众的实际需要，不是生产的绝对过剩，而是一种相对的过剩，即相对于劳动群众有支付能力的需求而言表现为过剩的经济危机。也就是说，要使现有的人口都能够富裕地生活，充分满足他们的物质、文化生活的需要，生活资料并不是生产得太多了，而是生产得太少了。但是，相对于人民群众有支付能力的需求而言，又的确是生产得太多了。就生产资料来说，要使有劳动能力的人口都能够充分就业，促进生产的迅速发展，各生产部门还要进行大量的设备投资。生产资料同样不是太多了，而是太少了。但是，要使生产资料按一定的利润率作为剥削工人的手段而起作用，现有的生产资料又的确是周期地生产得太多了。需要区别的是，在资本主义社会以前的各个社会形态里，由于战争、瘟疫、天灾等各种原因，以及剥削阶级的横征暴敛，也会在一个或长或短的时期内使生产和社会生活陷于严重的苦难和危机之中。但这种危机的特征是生产严重不足，而资本主义的经济危机则是生产过剩。因此，在资本主义经济危机爆发时，一方面资本家的货物堆积如山，卖不出去；另一方面，广大劳动群众却处于失业或半失业状态，因购买力下降而得不到必需的生活资料。资本主义生产相对过剩的经济危机，最显著地表现了资本主义制度的历史局限性。

第四节　经济危机的影响

经济危机加剧了资本主义国家内部的无产阶级和广大人民群众同垄断资产阶级之间的矛盾，加剧了发达资本主义国家同发展中国家之间的转嫁危机与反转嫁危机的矛盾；加剧了帝国主义国家相互之间的争夺商品市场和输出危机的矛盾。总之，资本主义经济危机加剧了资本主义社会各种矛盾的深化，暴露了资本主义制度的局限性和历史过渡性，给资本主义体系内带来了灾难性后果。

首先，经济危机造成了社会财富的巨大浪费，对资本主义社会生产力造成严重的破坏。每次危机都使生产倒退几年甚至几十年，给资本主义世界带来了莫大的灾难。生产急剧下降，工人大量失业，企业大批倒闭；大量的机器设备和各种劳动资料闲置起来，甚至遭受严重的破坏；大量已经生产出来的商品遭受人为的毁坏，已经发展起来的生产力遭到极大破坏。在20世纪30年代的资本主义经济危机中，被毁坏的炼铁炉，美国达92座，英国为72座，德国为28座，法国为10座。1933年，美国有1040万英亩的棉花被毁在地里，巴西有2200万袋咖啡被销毁，丹麦有117000头牲畜被消灭。这种现象在第二次世界大战后也并未绝迹。例如美国在1973—1975年的危机中，仅在1974年5月15日和16日两天内，洛杉矶的加利福尼亚牛奶垄断组织就把38000多加仑的优质鲜奶倒入水沟中。整个资本主义世界的工业生产几乎下降了44%，比1913年的水平还低16%，倒退到1908年至1909年的水平，失业人数达到5000万人左右，一些国家的失业率竟高达30%—50%。资本主义世界的对外贸易总额下降了66%，倒退到1913年的水平以下。金融危机对经济运行的传导机制，如图一所示：

序　言

　　习近平总书记指出，青年最富有朝气、最富有梦想，青年兴则国家兴，青年强则国家强。青年是民族的未来，"中国梦"是我们的，更是青年一代的，实现中华民族伟大复兴的"中国梦"需要依靠广大青年的不断努力。

　　要提高青年人的理论素养。理论是科学化、系统化、观念化的复杂知识体系，也是认识问题、分析问题、解决问题的思想方法和工作方法。青年正处于世界观、方法论形成的关键时期，特别是在知识爆炸、文化快餐消费盛行的今天，如果能够静下心来学习一点理论知识，对于提高他们分析问题、辨别是非的能力有着很大的帮助。

　　要提高青年人的政治理论素养。青年是祖国的未来，是社会主义的建设者和接班人。党的十八大报告指出，回首近代以来中国波澜壮阔的历史，展望中华民族充满希望的未来，我们得出一个坚定的结论——实现中华民族伟大复兴，必须坚定不移地走中国特色社会主义道路。要建立青年人对中国特色社会主义的道路自信、理论自信、制度自信，就必须要对他们进行马克思主义理论教育，特别是中国特色社会主义理论体系教育。

要提高青年人的创新能力。创新是推动民族进步和社会发展的不竭动力，培养青年人的创新能力是全社会的重要职责。但创新从来都是继承与发展的统一，它需要知识的积淀，需要理论素养的提升。马克思主义理论是人类社会最为重大的理论创新，系统地学习马克思主义理论有助于青年人创新能力的提升。

要培养青年人的远大志向。"一个民族只有拥有那些关注天空的人，这个民族才有希望。如果一个民族只是关心眼下脚下的事情，这个民族是没有未来的。"马克思主义是关注人类自由与解放的理论，是胸怀世界、关注人类的理论，青年人志存高远，奋发有为，应该学会用马克思主义理论武装自己，胸怀世界，关注人类。

正是基于以上几点考虑，我们编写了这套《马克思主义简明读本》系列丛书，以便更全面地展示马克思主义理论基础知识。希望青年朋友们通过学习，能够切实收到成效。

韩喜平

2013年8月

目　　录

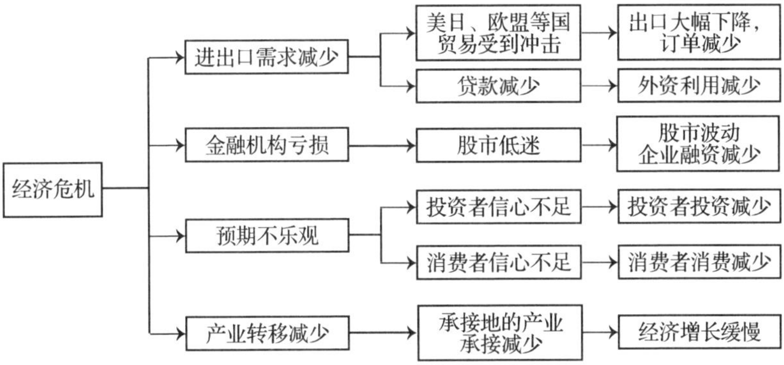

图一：金融危机对经济运行的传导机制

其次，经济危机进一步加深了资本主义的基本矛盾并激化了资本主义社会的阶级矛盾，即生产的社会化和生产资料的资本主义私人占有之间的矛盾。经济危机使大批中小资产阶级破产，大大加速了生产和资本的集中；从而在生产社会化发展的同时，使生产资料越来越集中到少数人手中，使资本主义基本矛盾更加尖锐。经济危机给资本主义世界以沉重打击，使资本主义制度固有的一切矛盾空前激化，危机给各国劳动者带来了巨大灾难，激起了劳动人民对资本主义制度的不满，使反对资本主义制度的情绪高涨。危机使失业人数剧增，而且也使在业工人生活状况恶化，同时也给其他劳动人民带来灾难，从而使国内的阶级矛盾更尖锐地发展起来。资本主义国家内罢工运动、群众示威和农民运动重新高涨起来。

再次，资本主义经济危机加剧了发达资本主义国家之间的矛盾，经济危机一定程度上改变了世界格局。法西斯主义在一些国家内迅速蔓延，法西斯组织相继出现。各国统治阶级面临内忧外患的困境，在经济和政治上普遍加强了国家干预和专横统治，日本开始实行武力扩张，德国则建立了法西斯统治。经济危机使资本主义国家之间的矛盾进一步激化。关税战、倾销战和货币战导致资本主义世界的不断分化，出现了各种货币集团和经济集团。

最后，经济危机加剧了发达资本主义国家与发展中国家之间的矛盾。发达资本主义国家的资产阶级，不仅把危机造成的损失转嫁到本国劳动人民身上，而且还互相转嫁危机，加剧了发达资本主义国家之间的矛盾；发达资本主义国家还通过倾销过剩商品，输出过剩资本等方式，向发展中国家转嫁危机，使发达资本主义国家与发展中国家之间的矛盾更加激化。发生经济危机的资本主义核心国家为摆脱经济危机的困扰，不断向边缘发展中国家转嫁危机，导致边缘国家连带发生输入型危机。造成发展中国家社会动乱、政权颠覆、国家分裂等社会后果。西亚、北非历史上多次上演过的大痛苦，都是因离欧洲太近造成的。那里正在发生的，仍然是全球资本化危机延续着的悲剧。西亚、北非的政权变化，是一场在核心国家资本主义危机向全球转嫁代价的背景下，由于高通胀和高失业和后殖民主义时期发展中国家单一经济结构问题而引发的政治动荡。高成本的西方政治体制造成债务危机转嫁，与发展中国家薄弱的经济基础承载危机代价之间的矛盾，是当代资本主义全球化的基本矛盾。

资本主义经济危机表明，资本主义社会生产力和生产关系之间存在着不可克服的矛盾，从而暴露了资本主义生产方式的历史过渡性。只有按照社会化大生产发展的要求，变资本主义私有制为社会主义公有制，才能从根本上消除资本主义的基本矛盾，也才能从根本上消火资本主义经济危机。

第五节　两次典型的经济危机

自19世纪20年代开始，资本主义世界多次发生了以生产过剩为主要特征的经济危机。1825年资本主义经济危机作为资本主义世界第一次经济危机，是全面、完整了解经济危机的历史起点；1929—1933年资本主义第一次世界性经济危机，对整个资本主义世界打击最为严重，史称"大萧条"，是深刻理解资本主义经济危机的经典材料。这里简要介绍比较这两次有代表性的经济危机。

一、资本主义第一次经济危机

1825年秋，英国爆发了第一次全国性的经济危机，危机历时七八个月，到1826年夏结束。这是资本主义历史上第一次出现的由生产过剩引发的经济危机，由此，揭开了世界资本主义经济危机的序幕。

（一）经济危机背景

19世纪20年代的英国经济，呈现出欣欣向荣的局面。商品价格迅速上涨，利润源源不断变成英格兰银行的黄金储备。1819年为360万英镑，1820年为820万英镑，1821年为1120万英镑，1822年为1010万英镑，1823年为1270万英镑。从1821年到1825年，伦敦交易所共对欧洲和中南美洲国家发行了4897万英镑公债，而英格兰银行对国内私人贷款却急剧萎缩。这些公债转过来又成为对英国商品的购买力。英国输往中南美洲的棉纺织品从1824年的150万英镑，激增至1825年的395万英镑。出口猛增一方面刺激生产和投资迅速扩大，另一方面则导致原材料价格上涨，从而出现了供给严重超过需求的现象。1825年下半年，物价终于开始下跌，经济系统中蕴藏着经济危机的风险。

（二）经济危机导火索——波耶斯铁路公司倒闭

1824—1825年铁路是一个被人看好的项目，投机铁路盛行，英国境内一下子就出现20多家铁路公司，吸引了投资者的目光，当时股市的狂潮，创下19世纪英国股市的最高点，此时，一家名为波耶斯的殖民地公司，发行的公司债无法兑现，在无法偿还自己债务、资金不足的情况下倒闭，导致第一批铁路公司倒闭，并引发了股市崩盘及经济危机，史称"1825年恐慌"，消息一经传开，立即引起人们的极度恐慌。

（三）经济危机爆发

由于投资人的减少，大量的铁路公司纷纷倒闭，进而使在铁路公司项目中曾投巨资的银行，瞬间面临资金紧张的危机。7月，股票行情猛烈下跌，随着银行巨额投资的亏损，曾在银行存款的储户，因担心储蓄资金的安全，而大量向银行兑现，导致银行资金的进一步紧张。有的银行就不堪资金链的断裂而被迫破产。金属储备减少迫使英格兰银行紧缩放款，引起银行的破产。银行的破产又引起商人和工厂主的破产，危机波及了英国所有的主要工业部门。11月份，总部设在普利茅斯的威廉·埃尔福德爵士银行倒闭，紧随其后的是以实力雄厚而闻名的约克银行。到了12月份，同样著名的波尔·桑顿银行也宣告破产。大量银行的破产致使英国经济爆发全面危机，机器制造业、建筑业以及其他几乎所有的行业都遭到了危机的沉重打击。整个社会经济处于极度的恐慌和混乱之中。

（四）经济危机影响

1825年经济危机使英国的实体产业和虚拟产业遭到重创，波及了所有的产业和工人，英国经济元气大伤，这对资本家和英国国力都是一个沉重打击。

1. 纺织业

这场危机使纺织工业设备开工率下降了一半，纺织机械如花边机的价格下跌了75%—80%，机器工业首次受到危机的严重袭击。棉花消耗量下降了近50%。棉布价格下跌59%，1824年与1826年相比，英国当时重要的出口产品棉布出口从3.45亿码降为2.67亿码，减少了23%。仅曼彻斯特一地的织造宽幅绸缎的织机开工台数就减少了3/5，亚麻纺织品的价格下跌30%—40%，纺织工人的工资下降10%，工厂大面积停工。

2. 工商业

经济危机致使大量商品卖不出去，物价暴跌，大量工商企业破产。据统计，1825年10月至1826年10月，破产的工商企业达到3509家。生铁价格下降27％，咖啡价格下降39％。黑色冶金业降低了11％—12％。1826年兰开夏失业人数90000人，布拉克本11000人，约克15000人。奥耳德姆有一半居民在赤贫状态中挣扎。

3. 金融业

据统计，到1826年初，股票跌价造成的损失约达1400万英镑，英国在外国公债上净损失达1000多万英镑。1825年底，著名的英格兰银行的黄金储备从1824年底的1070万镑降至120万镑，英国银行在1825年到1826年仅仅一年的时间里，破产数量就高达80家，当时英国最重要的英格兰银行也一度岌岌可危，幸经法国资助渡过危机。

二、资本主义世界空前严重的全球性经济危机

1929年第一次世界大战后出现了资本主义第一次全球性的经济危机，而此次危机的开端是由美国股票市场的崩溃以及由此开始的金融危机的"大萧条"引发的。1929—1933年的经济危机是资本主义世界爆发的空前的大危机、史无前例的浩劫。1929年10月下旬，以美国纽约股票市场大崩盘为标

志，爆发了一场资本主义世界规模的生产过剩危机。这是一场史无前例的经济和政治大危机，它很快向欧洲、北美、日本等主要资本主义国家蔓延，并波及许多殖民地、半殖民地国家和地区，席卷整个资本主义世界。这次危机前后持续四年，使整个资本主义世界损失价值2500亿美元，比第一次世界大战的物质损失还多800亿美元，成为到目前为止资本主义世界最为严重的一次经济危机。

（一）经济危机时代背景——柯立芝繁荣

1920年，资本主义世界爆发了第一次世界大战后首次经济危机。危机过后，美国经济在股票、债券等"经济泡沫"的影响下迅速增长，创造了资本主义经济史上的奇迹。美国制造业飞速发展经历了哈定、柯立芝和胡佛三届共和党总统执政的快速发展的10年。1921年的指数水平为67，而1929年该指数已经到了119点，制造业保持了超过6％的增长速度。新工厂的建设和新设备的投入使用，为制造业的加速发展打下了基础。福特汽车公司总裁亨利·福特的话形象地表达了当时工业界对技术进步和资本扩张的自信，"美国人现在可以得到他想要的任意款式、任意色彩的福特汽车"。人们对经济前景的自信更集中体现在股票市场。在股市最狂热的1929年夏，美国封闭式基金的价格远远超过其资产净值，比二战后封闭式基金平均水平高出60％，这意味着资产的价格远远高于资产的价值。与此同时，整个美国社会的价值观念都在发生变化。虽然清教徒传统的价值观念仍在农村中流行，但在城市中的主导道德观念却发生了巨大的变化。美国证券市场兴起投机狂潮，"谁想发财，就买股票"成为一句口头禅，人们像着了魔似的买股票，梦想着一夜之间成为百万富翁。发财致富成了人们最大的梦想，投机活动备受青睐，有组织的犯罪活动以及享乐之风盛行。相当一部分人终日沉醉于物质享乐之中，而精神生活则日益浮躁和粗鄙，以至于许多美国历史学家把这时的美国称为精神上的"饥饿时代"或"疯狂的20年代"，在这短短十年中，政治生活中道德水平的低下达到无以复加的地步。

像任何一次金融危机一样，1929年的危机前同样是一片欣欣向荣。社会中涌动的暗流，像银行不良资产增加、社会财富分配不公、社会信用受到破坏、上市公司行为扭曲，都被节节攀升的股市和对幸福未来的预期冲得无踪无影。20世纪20年代的繁荣虽然造就了一个资本主义发展的黄金时期，但这一繁荣本身却潜伏着深刻的矛盾和危机。

首先是美国农业长期处于不景气状态，农村购买力不足。1919年农场主的收入占全部国民收入的16％，而在1929年只占全部国民收入的8.8％，农场主纷纷破产。此时农民的人均收入只有全国平均收入的1/3左右。

其次，是美国工业增长和社会财富的再分配极端不均衡。工业增长主要集中在一些新兴工业部门，而采矿、造船等老工业部门都开工不足，纺织、皮革等行业还出现了减产危机，大批工人因此而失业。这一时期兼并之风盛行，社会财富越来越集中在少数人手中。全美最大的16家财阀控制了整个国家国民生产总值的53％，全国1/3的国民收入被占人口5％的最富有者占有；另一方面，约60％的美国家庭的生活水平还挣扎在仅够温饱的每年2000美元水平上下，更为严重的是，有21％的家庭年收入不足1000美元。此外，国际收支中的潜在危机也加深了美国经济的潜在危机。美国日益增长的经济力和供应大大超过国内外有支付能力的需求。这一切都预示着一场大危机的到来。

（二）金融危机爆发——黑色星期四

1929年10月24日，在历经十年的大牛市后，开盘第一个小时内，美国纽约证券交易所股票价格雪崩似的跌落，人们歇斯底里地甩卖股票，整个交易所大厅里回荡着绝望的叫喊声，这一天，纽约股票市场抛出1300万股，超出正常标准的100万股以下。这一天成为可怕的"黑色星期四"，疯狂的股票投机终于引发一场经济大灾难，并触发了美国经济危机。然而，这仅仅是灾难的开始，灾难性的市场崩溃形式已经不可阻挡。29日，交易所股价再度狂跌，一天之内1600多万股票被抛售，50种主要股票的平均价格下跌了近40%。成了最糟糕的一天，标志着经济大危机时期的开始。一夜之间，"繁荣"景象化为乌有，一个星期内，美国人在证券交易所内失去的财富达100亿美元，两个星期内，共有300亿美元的财富消失，这相当于美国在第一次世界大战中总的开支。

1929年11月2日，美国《商业及财政记事报》说："本周发生了世界上从未有过的股票市场灾难。"美国钢铁大王许华勃说："我害怕，每个人都害怕。"各地谣言四起，投资者情绪恐慌，愤怒的群众已向华尔街进攻，全面的金融危机接踵而至。由于美国的经济基础在过去十年股市扩张中受到严重伤害，可怕的连锁反应很快发生：疯狂挤兑，大批银行倒闭，企业破产，市场萧条，生产锐减，失业人数激增，人民生活水平骤降，农产品价格下跌，很多人濒临破产。一场空前规模的经济危机终于爆发，美国历史上的"大萧条"时期到来。经济危机随即席卷整个资本主义世界，形成了前所未有的、持续最久的世界经济大危机。在整个大危机期间，引起了金融货币、信用和财政的全面危机。金融危机逐渐转化为全球性的经济危机，此后，美国及全球进入了长达十余年的经济衰退和"大萧条"时期。

（三）经济危机对美国影响

大危机期间，股指从1929年363最高点跌至1932年7月40.56点，才宣告见底，最大跌幅超过90%。1928年美国发行的有价证券共13亿美元，到1933年只有160万美元。1929—1933年美国破产的银行共10500家，占银行总数的49%。

大危机期间，失业人数达到有史以来的创纪录水平，失业率高达24.9%。大危机使工业生产大幅度下降，企业倒闭，大量工人失业。1932年美国的工业生产总值与1929年相比，下降了46.2%。危机期间美国的机床制造业下降了80%，生铁下降了79.4%（倒退了37年），钢铁下降了75.8%（倒退了28年），汽车下降了74.6%，采煤量下降了40.9%。最严重时汽车的开工率只有5%，企业倒闭数在13万家以上。

大危机期间，美国的农产品价格指数下降了56%，农民总收入下降了57%。农业生产力的严重过剩引起了生产力的大倒退和大破坏，许多农场手工劳动取代了机器操作，农田管理质量急剧下降，谷物、棉花等农作物烂在地里或被当作燃料，牛奶、咖啡等饮料被倒入江海，牲畜被宰杀。在大危机的打击下，国民收入大幅度下降，美国国民收入减少了54.69%。

（四）经济危机蔓延

这次大危机的明显特点是持续时间长、危害程度深、渗透各个领域、波及全世界很多国家，是一场影响深远的财政、信贷、外贸、工业和农业的全面危机；它不仅影响生产领域，而且波及分配、流通等领域的经济和政治全面危机。以往经济危机周期的过程，是由危机、萧条、复苏、繁荣相继组成的，这次在大危机的谷底结束后并未出现繁荣，而是持续萧条，到了1937年又发生了短暂的经济危机。

就全世界来说，大危机期间，整个工业生产水平下降了40%以上。1933年，资本主义世界的贸易额缩小到1919年前的水平。全失业和半失业工人总数在4500万人左右。各国间展开了激烈的贸易战、货币战和资源战。资本主义世界大货币体系四分五裂，国际支付和资本输出几乎停顿。世界性大危机不仅使工业生产大幅度下降，而且蔓延到所有的农业部门。1929—1933年经济危机发生的原因以及各国的对策，如图二所示：

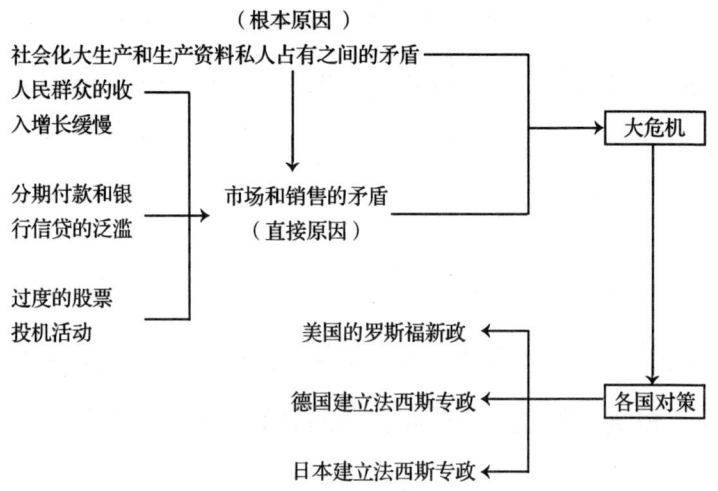

图二：1929—1933年经济危机发生的原因以及各国的对策

1. 德国的经济萧条

美国"大萧条"使德国经济遭受了沉重的打击，1928年这种衰退变得更加严重，1932年德国经济下滑到谷底。德国的经济活动严重依赖外国资本，然而1929年随着美国股市的崩溃使得美国对德国的投资资金减少。德国银行业的结构问题，加剧了工业萧条中财政和银行的危机。工业萧条导致了随后的财政和银行危机，其根源是德国银行业的结构性问题。1929年，德国私人银行自身与外来资金的比例约为1∶10，而柏林的大银行达到1∶15。到1930年底，德国私人银行外国债务约为260亿—270亿帝国马克，其中约有一半为短期债务，柏林的大银行有40％到50％的存款为外国资金。帝国银行对外国债务的增长提出过警告，但是由于帝国银行没有执法手段，因而无法强制管理私人银行。1929年德国私营股份银行的现金存款和在帝国银行强迫存款额的比例仅为3.8％。1929年到1930年，美国股票市场的崩溃导致大量资金从德国抽回。1931年奥地利爆发银行危机，作为中欧最大的银行之一的维也纳贷款银行停止支付对德国的款项引起了德国国内外债权人竞相挤兑德国银行。由于德国银行严重依赖外国资金，挤兑导致银行面临倒闭。政府不得不动用财政资金来整顿这些濒临倒闭的银行。银行危机导致了在很大程度上依赖贷款的农业部门的危机。当时，德国农业部门负债很大：1928年底有2/5的东德农庄是负债的，其中许多农业的负债额达到了本身资产的200％到300％。经济萧条以及收入水平的下降降低了对农产品的需求，导致农产品价格的大幅下滑，冲击了农民家庭企业。与1925—1929年相比，1930—1932年间生产牛奶和蛋类的农户收入减少30％，生产肉类的农户收入减少25%。尽管政府采取提高进口税、限制进口、在公开市场上收购粮食等措施，但是农业部门的收入在1932—1933年间还是仅仅为1928—1929年的40%。由于银行危机导致的负债剧增以及农业品市场的萎缩，德国经济萧条期间，农户和贵族庄园大量破产。

2. 法国的萧条

法国也经历了20世纪20年代的经济繁荣和快速发展，但是经济增长在1930—1932年间急剧下滑，1932—1936年间下滑有所缓和，直到第二次世界大战前夕才开始缓慢复苏。法国在20世纪30年代的经济衰退被认为是相对缓和的。失业在最严重的时期也没有超过100万，少于1930年劳动力总数的5%。生产的下降也相对缓和，从没有超过1929年在商业和制造业产出的20%。法国的"大萧条"并没有伴随着银行危机，其间只有一家较大的银行倒闭。从1931年开始，很多国家都开始实施货币贬值，英国于1931年，美国于1933年分别实施贬值的政策。而法国由于政治的原因反对贬值政策以及资本控制，虽然这导致黄金的流入和相对价格的增长，法国仍然坚持不贬值的政策。此外，1935—1936年间的法国政府贯彻严格的通缩政策。在1935年的法案中，政府减少了10%的公共支出。1936年6月，社会主义者莱昂·勃鲁姆成立了人民阵线政府。新的劳动力市场规则的提出引起了劳动力成本的大幅上升。政府强制实施工资契约的集体议价。每星期的工作时间从48小时下降到40小时，同时还确立了带薪休假、企业设立职工代表等制度。40小时工作的实施以及投资的降低使得法国在开始缓慢复苏，到1938年经济达到一战前的水平。

3. 日本"昭和经济危机"

20世纪30年代的世界性经济危机中，日本作为当时的资本主义国家也未能幸免。30年代初日本爆发了经济危机，在日本现代史上通常被称为"昭和经济危机"。日本在一战"战争景气"的刺激下完成了由农业国向工业国、由入超国向出超国的转变。但是一战后，日本经济一直处于景气与危机交替出现的状态。1929年美国股票市场崩溃，世界性经济危机爆发。1930年7月，日本民政党决定解除黄金出口的禁令，以战前价格恢复日本的金本位制。同时，在国内提倡消费节约和购买国货，消减内需以降低物价、减少进口。这一政策的实施导致日本经济出现衰退迹象，股市和物价开始下跌，经济一片萧条。因而，在黄金解禁引起的国内萧条和世界性经济危机的影响下，日本经济陷入了严重的危机之中。

"昭和经济危机"从1930年持续到1932年，对金融、工业、贸易、农业等多个行业都产生了冲击，使工业总产值下降了30%以上。与美国危机爆发时物价和产量都有所下降相比，日本的经济危机只是表现为物价的下跌，而产量却不受影响。这次危机首先从商品和股票的价格暴跌开始。1930年的批发物价比1929年下跌了18%，1931年与1929年相比则下跌30%以上。不同类别商品批发物价变动也很快，物价自1929年秋开始下跌，到1929年末下降更为明显。不同部门价格下滑情况有所不同。受到贸易影响最为严重的生丝、棉纱等行业以及受设备投资影响的金属制品行业、建材行业等产品的价格迅速下滑。而农产品价格则在1930年秋由于大丰收而急速下降。另一方面，股票价格的跌幅也大体相当，如果把1914年1月的股票价格指数设定为100，那么1930年6月股票价格指数跌至74，1931年9月进一步跌至69。同时受到冲击的还有进出口行业。日本是一个资源贫乏的国家，所以十分依赖国际贸易来获取原材料，并通过世界市场销售产品。而经济危机却沉重打击了进出口贸易。1929年的外贸总额为43.6亿日元，1930年降至30.1亿日元，1931年又降至23.8亿日元。进口额1931年比1929年下降44%，出口额下降47%。其中，农副产品如生丝的出口下滑得十分明显，对农民收入下降产生了极大的影响。日本政府为了应对经济萧条，促进产业的合理发展，于1930年2月和6月分别设立了临时产业审议会和临时产业合理局。以倡导购买国货、统一商品规格等措施大力促进造船业以及钢铁业的合并。随后，又制定了通过卡特尔强化产业自主规制的《重要产业统制法》。此外，还通过修改《重要出口产品工业组合法》促进了以棉纺为代表的中小企业的卡特尔化。政府为应对"昭和经济危机"而实施的政策成为之后国家干预经济的开端。这种倾向被称之为"国家垄断资本主义"。昭和经济危机在日本历史上成为自由主义经济政策向国家干预转变的转折点。

第六节　资本主义经济危机简史

从历史发展的角度看，资本主义经济危机经历了自由竞争时期、垄断资本主义时期和国家垄断资本主义时期三个阶段，每个阶段又都有其各自的特征。这里以时间为轴线，简要介绍资本主义世界的历次经济危机，便于读者更加直观地感受经济危机的周期性。

一、自由竞争时期经济危机简史（1825—1900年)

1825年经济危机	1825年秋，英国爆发了第一次全国性的工业危机，这是资本主义历史上第一次出现的生产过剩危机。危机历时七八个月，到1826年夏结束。
1836年经济危机	1836年，英国爆发了第二次经济危机。这次危机还波及美国。危机之后，大约经历了五年左右的萧条时期。
1847年经济危机	这次经济危机开始于英国，很快席卷欧洲许多国家，是第一次带有世界性的危机。危机持续了一年，使英国工业生产下降了1/3。
1857年经济危机	危机首先发生在美国，然后波及德国、法国、英国。它袭击了这些主要资本主义国家经济生活的各个领域，是一次世界性的危机。这次危机的外部推动力是粮食价格的下跌，引起整个工业生产的缩减。
1866年经济危机	这次危机也是始发于美国，随后英国、德国也先后爆发了危机。美国的生铁和石油产量，英国的煤、生铁、造船等产量都大幅度下降。
1878年经济危机	这次危机开始于5月份，由奥地利开始，逐渐波及德、法、英、意、俄、荷兰、比利时等整个欧洲大陆，并祸及美国。这是19世纪一次程度最深和破坏性最大的世界性经济危机。
1882年经济危机	危机的中心是法国和美国。在法国，危机首先发生在交易所和银行业。这次危机使法国经济发展水平倒退了5年。在美国，最严重的生产下降发生在1885年。
1890年经济危机	这次危机的中心是德国和美国。美国有156条铁路线破产，占全美国铁路网的3/4，共有573家银行破产。

二、垄断资本主义时期经济危机简史（1900年到第二次世界大战前)

1900年经济危机	危机首发于俄国，而后冲击了整个资本主义世界。通过这次危机，各主要资本主义国家先后确立了金融资本的统治地位。
1907年经济危机	由于美国的金融混乱把英国直接推入危机，然后蔓延到德、法、日等国。在危机期间，美、英、德、日等国工业生产普遍下降。
1920年经济危机	危机首先在美国爆发，并波及英国和日本。危机造成工业生产下降，工人失业。
1929—1933年经济危机	这是资本主义历史上一次最严重、最深刻、持续时间最长的世界性危机。1929年初，工业危机首先在波兰、罗马尼亚和巴尔干各国出现，继而波及世界各国。
1937年经济危机	1937年又爆发了世界性的危机，1939年被第二次世界大战中断。

三、国家垄断资本主义时期经济危机简史（从第二次世界大战至今）

1957—1958年经济危机	这次危机于1957年3月首先在美国爆发，接着日本、加拿大、英国、意大利、法国和联邦德国也相继卷入危机。危机期间出现物价持续上涨的现象在危机史上还是第一次。1957—1958年爆发的经济危机同时袭击了各主要资本主义国家，显示了危机同期性，美国、加拿大、联邦德国的工业生产在1958年上半年开始回升。1959年1月，法国经济也终于出现了转机。这次世界经济危机基本结束。

1973—1975年经济危机	美国、英国、法国、意大利和联邦德国几乎同时爆发了危机；日本和加拿大在1974年初也出现了危机现象。这次危机成为战后主要资本主义国家经济发展的转折点，它标志着战后资本主义世界经济发展的所谓"黄金时代"的结束和"滞胀"局面的形成。
1979—1982年经济危机	70年代末的所谓第二次石油危机加快了危机的到来。世界经济危机于1979年再度爆发，大多数发达资本主义国家都卷入了这次危机。这是战后资本主义世界爆发的又一次非常严重而深刻的世界性经济危机。
1990—1993年经济危机	自1990年第二季度至1994年，大多数发达资本主义国家相继发生了生产过剩危机，但各国经济危机是非同期发生的。
2000年经济危机	2000年4月美国纳斯达克股票市场的崩溃，美国经济逐渐陷入了危机，并带累世界各主要工业国和第三世界各国经济的衰退。
2007—2010年经济危机	2006年春季开始逐步显现，2007年8月9日次级房屋信贷危机爆发，直到2008年9月，金融危机开始失控，开始席卷美国、欧盟和日本等世界主要金融市场。并导致多间相当大型的金融机构倒闭或被政府接管，并引发经济大衰退。

第二章　西方学者论经济危机

关于经济危机成因的理论解读，西方学者进行了长期的探索和研究，形成了几十种学派和数百种理论。主要包括以萨伊、穆勒（主张供求自然均衡论）、李嘉图（主张局部危机论）、西蒙斯第、马尔萨斯（消费不足论）为代表的古典经济学派；以凯恩斯主义（凯恩斯的有效需求不足理论）和新凯恩斯主义（代表人物斯蒂格利茨、罗默、泰勒）为代表的凯恩斯学派；以斯汉森、萨缪尔森等为代表的新古典综合学派；以货币内因论（包括霍特里的内生货币信用过度扩张论和哈耶克、马克路普、米塞斯、罗宾斯、威克塞尔的货币投资过度论）和货币外因论（弗里德曼等的外生的货币扰动论）为代表的货币主义学派；以卢卡斯（主张经济危机的出现源于错误的预期）为代表的理性预期学派；以熊彼特（创新周期理论）为代表的制度经济学派和以威廉·杰文斯、哈佛·杰文斯、亨利·穆、岛中雄二为代表的太阳黑子理论。受本书篇幅所限，不能一一详细论述，这里简要介绍一些西方学者的观点，以供学生参考和了解。

第一节　经济无危机论

经济无危机论又称供求自然均衡论。这一理论的代表是英国的詹姆斯·穆勒和法国的让·巴蒂斯特·萨伊。詹姆斯·穆勒是最早提出供求自然均衡观点的人。他在《为商业辩护》中提出，对于一切商品，从来不会缺少买者，无论谁拿出商品来卖，总希望把它换回另一个商品，因而单单由于他是卖者这个事实，他就是买者了。因此，如果把一切商品的买者和卖者总体来看，由于一种形而上学的必然性，必然保持均衡，概括起来就是卖者即是买者，供求自然平衡。对供求自然均衡论作出更全面论证的是萨伊，其主要观点是，生产创造需求，供求自然均衡。这一观点集中体现在著名的萨伊定律中。

让·巴蒂斯特·萨伊（1767—1832），资产阶级古典经济学家。因其著作《政治经济学概论》在欧美大陆大范围宣传了古典经济学家斯密的学说而成为法国第一个政治经济学教授并由此闻名。特别是该书中萨伊定律的提出，更使得萨伊的名字

一直保留于主流新古典经济学的奠基名单而流行至今。萨伊定律的核心思想是"供给创造其自身的需求",如图三所示:

物品市场(交易各种商品的市场),通过价格进行调节:

① 供给 > 需求→价格↓→生产自动缩减→供给 = 需求

② 供给 < 需求→价格↑→生产自动扩大→供给 = 需求

结论:生产不会过剩,因此不存在危机。

劳动市场(出卖劳动力的市场),通过工资进行调节:

① 供给 > 需求→工资↓→劳动的供给↓→供给 = 需求

② 供给 < 需求→工资↑→劳动的供给↑→供给 = 需求

结论:不存在失业。

图三:萨伊定律:"供给能自动创造需求"

萨伊在充分继承了穆勒供求均衡观点的基础上,进一步对此进行了阐述,被称为"萨伊法则"。他认为"生产者在完成他的最后一道加工后,总是急于把产品卖出去。因为他害怕产品在自己手中会丧失价值。此外,他同样急于把出卖产品所得的货币花出去,因为货币的价值也易于毁灭。但想要摆脱手中的货币,唯一可用的方法就是拿它买东西。所以,单单一种产品的生产,就给其他产品开辟了销路",即"生产给产品创造需求"。所以普遍的生产过剩是不可能的，某种商品的生产过剩是因为另一种商品的生产不足造成的。因此，只有扩大生产才会解决这个矛盾。

萨伊承认商品流通中货币的媒介作用，他说："你要钱干什么？不是要买原料吗？不是要买你所经营的货物吗？不是要买维持生活的食物吗？因此你所需要的是产品而不是钱。""在以产品换钱，钱换产品的两道交换过程中，货币只在一瞬间起作用，当交易最后结束时，我们将发觉交易总是以一种货物交换另一种货物。"

19世纪初，英国已经出现了局部的生产过剩经济危机，但以萨伊为代表的古典经济学家们认为，资本主义社会不会发生普遍的经济危机，他们相信市场上的供求关系会自然地达到一种平衡。依据"供给能自动创造需求"定律，在一个完全自由的市场经济中，一种产品的生产是为其他产品的出售提供了道路，至于全社会产品的生产更是相互之间为对方提供了需求。由于供给会创造自己的需求和市场经济的自我调节作用，整个经济将不可能产生遍及国民经济所有部门的普遍性生产过剩，因而也就不会存在长期的、全面的资本主义经济危机。对于当时已经出现的个别生产过剩现象，他认为在个别生产部门有可能出现供求失衡，但一个生产部门的生产过剩是因为另一个生产部门的生产不足，只要生产不足的部门扩大生产，自然会解决前一部门的生产过剩问题。基于这样的理论，在政策主张上，萨伊主张自由竞争，反对政府干预。萨伊曾说过："除非存在某些激烈的手段，除非发生某些特殊的事件，如政治变动或自然灾害等，或除非政府当局愚昧无知或贪得无厌，否则一种产品供给不足而另一种产品充斥过剩的现象，绝不会永久继续存在。"萨伊又从国民经济总量的关系均衡角度解释经济问题，他认为，商品与商品交换，是一种生产物与另一种生产物相交换，因而是生产品供给创造需求。萨伊为了证明"萨伊定律"的正确性，解释道：（1）钱的全部效用，在于把你的顾客想买你的货物而卖出的货物的价值转移到你的手中。到你下一次购买东西的时候，钱又把你所卖给别人的货物的价值转移给第三者。所以，你是使用只暂时变成银钱形式的你的产品的价值购买你需要的或喜欢的东西，每一个人也一定得使用只暂时变成银钱形式的他的产品的价值购买他需要的或喜欢的东西。（2）一般地说，生产者在完成产品的最后一道加工后，总是急于把产品卖出去，因为它害怕产品在自己的手中会丧失价值。此外，他同样急于把卖出产品所得的货币花出去，因为货币的价值也易于毁灭。但想要摆脱手中的货币，可用的方法就是拿它买东西。（3）卖者不会要货币，他们也不需要货币，因为货币对他们的唯一用处，就是换取他们所需要的东西。

显而易见，萨伊定律的供求自然均衡理论建立在物物交换的基础上，由此萨伊推演出四个结论：（1）在一切社会，生产者越多，产品越多样化，产品就销售得越快、越多、越广泛，而生产者所得的利润也越大，因为价格总是跟着需求增长。（2）每一个人都和全体的共同繁荣有利害关系。一个企业办得成功，就可以帮助别的企业达到成功。事实上无论一个人从事哪一种职业或哪一门生意，他周围的人越发达，他就能够得到越丰厚的报酬，能够越容易找到工作。（3）外国产品的进口有利于本国产品的出售，因为我们只有用本国工业、本国土地、本国资本的产品才能购买外国商品。因此，贸易可以为本国的产品找到销路。（4）仅仅鼓励消费并无益于商业，因为困难不在于刺激消费欲望，而在于供给消费的手段，我们已经看到，只有生产能供给这些手段。所以，激励生产是贤明的政策，鼓励消费是拙劣的政策。对于现实存在某些商品销路疲软或是供给过剩，萨伊解释道：把销路疲滞归因于货币的说法，是错误地把手段看成原因，货币只不过是媒介而已，销路呆滞绝不是因为缺少货币，而是因为缺少其他产品。如果其他产品存在，我们不怕得不到充分数量的货币以处理这些价值的流转和互换。在就业方面，萨伊同样认为供求关系能自然达到均衡。如果出现一个部门的工人失业，工资的伸缩性会使这个部门的劳动供给增加，工资就会降低，使劳动需求逐步等于供给，达到市场平衡。同时，另一些部门由于劳动供给减少，工资就会上升，也会达到市场平衡。总之，即使有暂时的失业，但经过工资的调整，最终也会达到市场的均衡。对于商品交换中货币的媒介作用萨伊虽不否认，但他认为，在以产品换钱、钱换产品的两道交换过程中，货币只在一瞬间起作用，当交易最后结束时，我们将发觉交易总是以一种货物交换另一种货物。每个卖主同时也是买主，同样，每个买主又都是卖主。

"萨伊定律"在宏观上给出了一个社会总需求始终等于社会总供给的结论，生产出的产品本身能创造自己的需求；不可能产生遍及国民经济所有部门的普遍性生产过剩，而只能在国民经济个别部门出现供求失衡的现象，即使有这种情况也是暂时的。这一定律其实暗含了某些假设前提，如在以产品交换货币、货币交换产品的两个交换过程中，货币只是一瞬间起作用，当交易结束时，总是表现为以一种货物交换另一种货物的形式。由此，萨伊定律描述的是一种实物经济中的物物交换，而不涉及现实资本主义经济或市场经济中以资本家获取货币增殖利润为核心的资本主义竞争与积累的根本特征。

萨伊不仅彻底否认资本主义商品经济条件存在普遍过剩的经济危机，而且主张用扩大生产规模的办法解决个别部门的产品过剩问题。供求自然均衡理论可以解释自然经济条件下和以物物直接交换的简单商品经济条件下的供求关系，但若以此来解释资本主义商品经济条件下商品总供求关系则是错误的。供求自然均衡理论的错误是明显的。第一，把资本主义商品经济关系等同于简单商品经济关系，抹杀了资本主义市场经济条件下商品生产和流通的基本矛盾。第二，抽去了商品流通与直接的物物交换的区别，将二者等同，必然得出了卖即是买，供求必然自发地平衡的结论。

第二节　局部经济危机论

大卫·李嘉图（1772—1823），英国古典政治经济学的杰出代表。他是局部经济危机论的代表人物。李嘉图的经济思想和对于经济危机的认识与他所奉行的社会观有很大关系。李嘉图的社会观是功利主义思想和经济自由主义，他的这种社会观是受边沁和斯密的影响而形成的。李嘉图根据边沁功利主义和斯密"看不见的手"的观点，认为每个人在追求个人利益的同时，并不与整个人类、整个社会利益相冲突。因此在他的经济理论中，始终贯穿着利己主义，主张自由竞争，在他看来，国家对经济生活的干预是违反最大多数人的最大幸福原则的。

李嘉图还竭力主张发展生产力。他认为资本家发展生产虽然是为了追求个人利益，但是利润积累起来可以扩大生产，促进社会财富的增加，因此，在他看来资本家利益与社会利益是一致的。只要能够增加资本家的利润，促进生产力发展，即使牺牲了工人阶级、地主阶级的利益，也都是应当的。他还把资本主义生产的目的归结为满足社会的需要，并由此推论资本主义生产方式是永恒的、最好的。所以，李嘉图否认普遍生产过剩的危机的可能性。在经济危机问题上，李嘉图接受了"萨伊定律"，认为生产创造需求，不会出现产品过剩。他说，萨伊先生曾经非常令人满意地说明，由于需求只受生产限制，所以不论一个国家有多少资本都不会不能得到使用。任何人从事生产都是为了消费或销售，销售则都是为了购买对于他直接有用或是有益于未来生产的某种其他商品。所以一个人从事生产时，他要不是成为自己商品的消费者，就必然成为他人商品的购买者和消费者，因此，他不可能总是生产没有需求的商品。同时，在李嘉图看来，资本家生产的目的是为了销售，在销售自己的商品后，他要扩大再生产或享受，再生产或享受就会产生新的购买，这种购买同他们以前所生产出来的商品是等价值的，而每个资本家都这样做，那么生产和消费永远是平衡的。他说，每年有十万镑收入的人，如果另外得到一万镑，他绝不会把它锁在箱子里。他不是增加开支一万镑，就是自己把它用在生产上，要不然就把它供给别人用在生产上。无论在哪一种情形下，需求都会增加，只是目的不同而已。在这里，李嘉图明确指出生产是随资本积累的增加而增大的，因此，需求自然也会随生产的扩大而扩大，市场上不可能出现生产过剩的情况。李嘉图认为，个别产品有可能出现生产过剩的情况，但整个社会的全部商品不会出现过剩。他说，产品总是要用产品或劳务购买的，货币只是实现交换的媒介，某一种商品可能生产过多，在市场上过剩的程度可以使其不能偿还所用的资本，但就全部商品来说，这种情况是不可能有的。可见，李嘉图认为资本主义制度生产不会超过需求，虽然局部经济危机有可能发生，但普遍的商品生产过剩的危机是不可能发生的。

大卫·李嘉图作为资本主义古典经济学的完成者，是这一理论的主要代表人物。他接受了萨伊以产品同产品交换的观点，将买者和卖者之间形而上学的平衡作为理论基础，认为需求仅仅决定于生产本身。由于人们的消费需求是无限的，必然要求资本主义生产的无限扩大来与之相适应。因此生产过剩，至少是在市场上商品的普遍充斥是不可能出现的。李嘉图说："产品总是要用产品或劳务购买的，货币只是实现交换的媒介，某一种商品可能生产过多，在市场上过剩的程度可以使其不能偿还所用资本，但就全部商品来说，这种情形是不可能的。"李嘉图只承认市场上存在个别种类商品的生产过剩，否定了普遍商品生产过剩的事实，认为生产过剩只会发生在局部。马克思把这种观点看成是一种可怜的遁辞，他在批判李嘉图时指出："唯一能够防止在一切部门同时发生生产过剩的情况，是商品同商品的交换。就是说，抱这种观点的人求助于假定存在的是物物交换的条件。但是通向这种遁辞的道路恰好被切断了：商品流通不是物物交换，因此一种商品的卖者完全不必同时又是另一种商品的买者。"也就是说，商品流通中买和卖的分离造成部分商品价值无法实现，这就使直接产品交换中买和卖的直接同一性分裂为买和卖的对立性了。买和卖的内部统一，是运动于外部对立之中的。当买和卖的对立发展到一定程度，许多商品的价值无法转化为货币，它们的统一就要靠危机来实现。

李嘉图认为产品总是要用产品或劳务购买的，货币只是实现交换的媒介，某一种商品可能生产过多，在市场上过剩的程度可以使其不能偿还所用资本，但就全部商品来说这种情形是不可能的。显然，李嘉图只承认资本主义社会存在个别商品的生产过剩，而否认普遍的生产过剩。

李嘉图认为资本主义不会发生经济危机的结论毫无疑问是错误的。李嘉图之所以得出资本主义不会爆发经济危机的结论是由以下几方面的错误分析得出的：第一，需求是无限的。李嘉图认为人的需求是无限的，生产永远满足不了人们不断增长的消费需求。一旦有足够的财力，有些人就会需要更多的葡萄酒、或购置家具，扩修建庭院和住宅……人生的目的就是不断满足自己的需要，要满足人们的需要就必须扩大生产。第二，混淆了商品流通和直接的物物交换。李嘉图认为货币只是商品流通的工具，因而在商品流通中撇开货币，商品就是以商品来购买的，在商品与商品之间的交换过程中，买的过程即卖的过程，商品的买和卖是结合在一起的，的确不会出现生产过剩的危机。但是在货币充当流通工具、贮藏手段甚至支付手段后，情况则发生了改变，商品的买卖过程分离，生产过剩的危机就有可能发生。李嘉图由于不了解货币的本质和职能，片面地把货币只看成流通工具，而忽视了其作为贮藏手段和支付手段的职能，所以他认识不到危机产生的可能性，并否认了危机的现实性。第三，自由竞争会纠正局部过剩。李嘉图虽然承认某一种商品会有生产过剩的可能性，但是他认为自由竞争会纠正局部过剩，他认为资本家对市场需求了如指掌，绝对不会生产没有市场需求的商品。李嘉图看到了市场的调节作用，这一点在当时具有进步性，但是他没有看到单个资本家追求利润最大化情况下整个社会资本生产的无政府状态，没有看到资本扩大再生产存在的盲目性。

李嘉图的观点显然比完全自然均衡理论进步了一点，就是完全承认了资本主义商品条件下局部生产过剩性经济危机存在的可能性，但与萨伊犯了同样的错误，就是将资本主义商品经济生产等同于简单商品生产，又把简单商品经济等同于物物交换和自然经济，完全否定普遍性经济危机产生的可能，这些与其所处的资本主义发展初期，普遍性经济危机还未出现的时代有关。

第三节　消费不足论

消费不足理论承认了资本主义市场经济条件下经济危机存在的必然性，将经济危机及萧条产生的原因归结为消费不足，这一理论的早期代表是马尔萨斯和西斯蒙第。

西斯蒙第（1773—1842），法国古典政治经济学的完成者，也是小资产阶级政治经济学的创始人，是第一个与经济自由主义传统决裂的经济学家。生于一个资本主义战胜封建主义，也就是大生产战胜小生产的社会大变革时代。他在政治经济学上最主要的贡献，则是第一个论证资本主义制度必然发生经济危机的经济学家。而他的经济危机理论又使他成为法国古典政治经济学完成者的重要标志。在西斯蒙第生活的那个时代里，小生产者发现他们很快就要失去作为资产阶级社会中一个独立部分的地位，因此，他们幻想阻止资本主义的发展，维持他们的小康经济地位。西斯蒙第作为小资产阶级政治经济学的创始人，用小生产者的理想代替资本主义现实，突出强调消费先于生产，生产应服从或适应于消费。他认为在资本主义社会，收入决定消费，收入不足就是消费不足，消费不足造成生产过剩，就会发生经济危机。其主要观点体现为以下四点：

一、经济危机的根源在于消费不足造成生产过剩

西斯蒙第认为在资本主义制度下，经济危机是不可避免的，他把经济危机归结为消费不足造成生产过剩，这也是他的最大的功绩。他最早认为消费不足是经济危机的前提，其根源在于资本主义经济制度下，生产与消费脱节，就必然存在生产过剩。他认为，由于存在生产无限盲目扩大和消费却在不断缩小的矛盾，使资本主义制度无法保持生产和消费的平衡。他认为在资本主义社会里收入决定消费，收入不足就等于消费不足，他把人的消费提到了首位，他指出"人一生下来，就给世界带来要满足他生活的一切需要和希望得到某些幸福的愿望，以及使他能够满足这些需要和愿望的劳动技能和本领。这种技能是他的财富的源泉，他所创造的一切都应该用于满足他的需要或他的愿望。"因此，在他看来先有消费，后有生产，生产为了消费，生产服从于消费。"个人财富的目的和公共财富的目的都是为了满足消费和消耗财富的享受。""个人的历史就

是人类的历史，就个人方面说是定不可移的道理，就整个社会来说也是如此。"这样就将孤立的个人的消费与生产转到了整个社会的消费与生产，指出消费先于生产的原则也适用于从自然经济转到商品经济的生产和交换上。因此，消费是生产的前提并决定生产。

二、保持消费与生产的平衡的重要性

西斯蒙第从消费与生产的平衡论出发，认为社会经济顺利发展的必要条件是保持生产与消费之间的平衡，一旦这一平衡遭受到破坏，产品实现遇到阻碍，将导致经济危机的爆发。他认为，只有在资本主义商品生产条件下才会发生经济危机。他把经济危机的总根源归结为资本主义大生产和它不合理的分配制度的生产无限扩大和消费需求不足的矛盾。由于资本主义的分配制度的不公平，大生产迫使小生产者纷纷破产，从而减少他们的收入，压缩了他们的消费。劳动人民特别是工人阶级的生活状况日益恶化，他们的收入和消费都减少了。而资本家阶级的消费随着财富的快速增加而增加。使"财产集中到少数私有者手中"，而大多数劳动者收入不足，使"国内市场日益缩小"。也就是社会收入，有支付能力的需求减少了，而资本家却不顾一切地盲目扩大生产，结果却造成了收入小于生产，一部分产品不能实现，商品卖不出去，使生产和消费的平衡遭到破坏，最终导致生产过剩的经济危机。他认为这是由于资本主义大生产把积累财富作为生产的最终目标，而不像小生产者那样以消费为目的，所以，资本主义不顾市场的缩小而盲目扩大生产。另外，他还认为资本主义不公平的分配制度造成了利润的不断上升，生产不断扩大。他指出"年收入的总量必须用来交换年生产的总量，如果年收入不能购买全部年生产，那么一部分产品就要卖不出去，不得不堆在生产者的仓库里，积压生产者的资本，甚至使生产陷于停顿"。他还说："全部生产都应该用来消费。如果它生产的年产品送到市场上找不到消费者，再生产社会就会陷于停顿，国家就会由于过剩产品而陷入灭亡。"在他看来，现在的资本主义社会之所以能够继续存在，是因为国外市场的存在，但是随着对国外市场的争夺不断扩大，国外市场的产品实现空间就会越来越小。最终产品的实现问题将无法解决。

西斯蒙第认为，社会经济的正常运行要求在生产和消费之间，以及产出和收入之间保持合理的比例关系，即总供给等于总需求。然而，资本主义经济运行的结果通常是生产大于消费，产出大于收入，即总供给超过总需求。西斯蒙第注意到，资本主义社会中有支付能力的消费需求经常低于生产可能达到的高度，即生产总是在经常的失衡状态中。其原因在于，资本家为利润拼命扩大生产，而随着资本主义生产的增长，收入和消费并没有同比例上升，由此导致了生产和消费的矛盾，当部分产品不能实现消费即会引发经济危机。在西斯蒙第看来，资本主义不公平的收入分配制度是其消费不足进而促发危机的根本原因。为此，他强烈抨击了同时代大多数古典学者信奉的萨伊定律。

三、消费、收入、人口、资本之间的比例原则

西斯蒙第认为在资本主义社会里，消费支配生产的原则进一步转化为收入支配生产的原则。在他看来在正常的社会里，是指小生产社会里，消费生产都是有限的，在不正常的资本主义社会里，生产是无限增长的，而消费是有限的，这就引起了生产过剩和社会动荡，形成了生产和消费的矛盾，这也是资本主义社会的一切灾难和不幸的根源。因此他反对无限制地扩大再生产和提高生产力。他认为，在资本主义社会里，消费支配生产必须经过两个中间环节，即收入分配和人口数量。收入与

资本、人口与收入、消费与人口必须一同增长，再生产同进行再生产的资本之间，以及同消费和人口之间都必须达成相应的比例，在这些比例关系中，不论哪一关系单独遭到破坏，或是几个遭到破坏时，社会就会陷入灾难之中。他认为这种比例关系非常重要。这也是西斯蒙第对政治经济学的杰出贡献。

四、市场的无政府状态与社会生产的盲目性

西斯蒙第否定了李嘉图学派和萨伊的资本主义无经济危机的理论，反对李嘉图的为生产而生产的思想，指责李嘉图是为了手段而牺牲目的。他把经济危机归结为消费不足造成生产过剩，还认为市场的无政府状态也是造成生产过剩的一个重要因素。在他看来，市场是由消费者的人数、喜好、收入和消费量的大小组成的，这四种因素中的每一种都有可能使产品加速或延缓售出。他说："要确切了解和估计市场上这种波动是困难的，对于每个生产者来说，这种困难更大，因为，并不是每一个生产者都洞悉其他商人的数目和购买力，以及要和他竞售商品的竞争对手。"再者从劳动和资本方面来说，劳动和资本的自由转移很困难。总之，西斯蒙第认为，资本主义市场的复杂多变，难以捉摸，必然会造成生产过剩、消费不足的现象，从

而导致资本主义经济危机。

显然，西斯蒙第已认识到经济危机出现的根源在于资本主义经济体系自身，但他据此提出解决危机的办法是，通过建议政府干预经济而使现代社会重新回到理想化的小生产方式，他认为这样才不会因生产无限扩大和消费不足的矛盾而出现危机。无疑，西斯蒙第的这一理想是一种倒退。当然，西斯蒙第之所以会有上述消除危机的论点，正是源于他没有看到经济危机的根源在于马克思所揭示的特定资本主义制度及其基本矛盾，即生产的社会化和生产资料私人占有形式之间的矛盾，而生产和消费的矛盾不过是其中的一个表现形式。

西斯蒙弟是第一个论证资本主义必然发生经济危机的学者。他否定了供求自然均衡的理论观点，肯定了资本主义条件下必然存在经济危机的可能。他认为，生产决定收入，但生产本身不能立即转化为收入，只有产品实现后才能转化为收入。收入决定着支出，支出决定着消费，因而，收入和消费决定着生产。在资本主义条件下，由于广大劳动者的收入不足，引起消费不足，导致市场狭窄，产品实现困难，生产供给过剩，这样西斯蒙弟就论证了经济危机的原因在于消费不足。他还认为，造成收入下降，消费不足的原因在于：第一，大生产对小生产的排挤，造成大批小生产者破产；第二，资本主义不公平的分配制度导致广大普通劳动者的收入和消费日益减少；第三，富人的收入积累率过高，富人增加的消费要比广大消费者减少的消费少得多。

马尔萨斯（1766—1834），英国人口学家和政治经济学家，也承认资本主义市场经济条件下经济危机产生的可能性，他认为经济危机的原因在于过多的资本积累，促使生产的迅速增长，使有效需求相对不足，最终导致普遍过剩。马尔萨斯认为当社会积累大量转向必需品的生产时，必需品的生产必将超过现有需求程度，产生的有效需求不足。但在社会有效需求不足方面，不能仅靠资本家和工人的收入，而应由地主、军队、官员等非直接劳动者创造与商品生产无关的需求，从而保持产品生产和消费的平衡。因此，对于资本主义而言，若要维持总需求与总供给之间平衡，则必须刺激非生产阶级的消费，从而避免经济危机。根据上述成因论，早期消费不足论者主张国家干预经济生活，由国家实施调节功能，一是调节收入分配，从而调整消费，使之形成较大的需求；二是调节投资，从而吸收过度的储蓄，使经济平衡发展。

早期需求不足理论的贡献在于：首先，客观地揭示了资本主义条件下经济危机的必然性，这是一大贡献；其次，认识到市场经济条件下生产和消费的尖锐矛盾，资本主义条件下，导致生产超过消费现象的直接表面原因是广大消费者收入的减少和资本积累过快；再次，市场的无政府状态也是造成生产供给超过消费的重要原因。对市场机制自动调节供求平衡的功能的完全有效性提出了疑问，早期需求不足论的这些分析是准确而客观的，为马克思的经济危机理论奠定了一定的基础。

由上可知，西斯蒙第经济危机理论的重大功绩在于看到了资本主义生产的盲目性和生产与消费之间的矛盾，特别是肯定了资本主义经济危机的存在，并断言生产过剩的经济危机是资本主义制度的必然产物，而且他强调制度因素和社会再生产四环节对经济危机的影响，所有这些都成了马克思经济危机理论的重要渊源。而我们也不难看出，西斯蒙第的经济危机理论是有明显缺陷的：第一，其理论基础是错误的。我们知道，虽然生产最终是为了消费，消费也对生产有反作用，但生产对消费起决定作用。生产为消费提供对象，规定消费的方式，为消费创造动力。西斯蒙第关于消费先于生产并决定生产的观点却从根本上否定了生产对消费的决定作用，是错误的。而他的另一理论基础"斯密教条"，由于丢掉了不变资本部分，仅仅强调个人消费和生活资料实现问题，而不懂得除此之外还有生产消费和生产资料实现问题，因此不能正确分析资本主义再生产。第二，他将资本主义经济危机仅仅归因于生产与消费的矛盾，并未找到危机的根源。实际上，资本主义经济危机的根本原因在于：一方面，追求利润最大化的内在动力和相互竞争的压力迫使资本家自发地、盲目地扩大生产规模；另一方面，生产资料的资本主义私有制决定的不合理分配又造成社会财富越来越集中到少数人手中，这就使广大民众的需求不足，从而出现生产与消费的矛盾。所以，资本主义基本矛盾，即生产的社会化与生产资料的资本主义私有制之间的矛盾和市场经济自身的缺陷才是危机的总根源。第三，资本主义经济危机的历史证明了西斯蒙第对经济危机特征的论断是不符合实际的。经济危机不是永续不断而是周期性的，每隔若干年就爆发一次。第四，以削弱大生产发展小生产作为克服经济危机的途径，那更是历史的倒退，是小资产阶级的浪漫幻想。

第四节　太阳黑子说

太阳黑子说代表人物是英国的威廉·杰文思、哈佛·S.杰文思、美国的亨利·穆尔和日本的岛中雄二等。太阳黑子理论认为太阳黑子这一自然因素的周期性变化必然引起地球气候的变化，从而引起农业收成的变动。而农业部门的减产，又会引起与之相关的工业商业等部门的收缩，从而引起整个经济的萧条。

19世纪英国富有独创精神的经济学家，提出边际效用价值学说，从而开创了近代经济学的威廉·杰文思，曾在科学杂志《自然》上发表了论文《商业危机和太阳黑子》（1878年）。在论文中，他发现当时推定平均为10.45年的太阳黑子活动周期，和他计算出的1721—1857年欧洲经济危机周期的10.466年大体一致。于是，他得出结论：印度和中国谷仓地带降雨量的增减导致这些地区出现周期性的荒年和饥馑，从而给当时从银行借入资金通过东印度公司进行对印、对华贸易的欧洲各国的众多企业也带来了周期性的商业恐慌和信用危机。在他死后的1909年，他的长子哈佛·S.杰文思也发现美国谷物生产和印度、阿根廷等地的气压变化一致，都是以3年半为一个短周期。他认为：这种周期再加上企业心理作用的介入，两三个条件一叠加，就形成了7年或10年半的周期变异。他以此修正了其父亲的学说。其后，1914年，美国的亨利·L.穆尔还发现密西西比河流域的降雨量和收成以8年的周期联动，这与物价和经济景气循环的变化一致。

然而，1934年，权威的《经济学季刊》卷首发表了阿根廷大使馆C.加西亚·玛塔和哈佛大学费里克斯·I.谢夫纳的论文《太阳和经济的关系》，他们虽然同样标榜太阳黑子学说，却否定谷物收成说，这引起了大家的关注。根据他们的分析，从1876年到"大萧条"的1932年，这56年中，美国的农业生产和太阳黑子的数量变动无关，但工矿业生产却表现出了显著的相关性。于是，玛塔等人指出太阳紫外线辐射的周期性增减有可能通过生物学途径影响人类的心理。在这层意义上，他们的太阳黑子学说非常杰出，可以说是一种具有自然科学性质的经济景气循环理论。

日本经济循环研究所所长、早稻田大学客座教授岛中雄二在其所著的《太阳景气经济学》中指出，太阳活动和人类的生理之间必然有某种关联。对于气候与经济活动的关系，气候变动的影响是以初级产品为中心，逐渐波及经济活动的方方面面。所以太阳黑子的运动也有可能造成经济危机的产生。太阳黑子数量的变化，使电磁平衡错乱并引起人类生理变化，导致包括企业家在内的大众对未来前景乐观和悲观的心理周期性地变动，从而左右投资、消费和估价。

太阳黑子理论在一定程度上提示了农业与商业、工业乃至金融等各行业的相互联系、相互影响，说明了在农业生产为主导的自然经济条件下的国民经济运行对农业生产依赖，以及农业生产周期对整个经济周期的影响。但是用太阳黑子理论解释对农业生产的依赖度逐渐减弱的大工业生产占主导地位的市场经济条件下经济危机周期的成因则是荒谬的。首先，市场经济条件下的商业周期与农业生产周期之间并无直接因果关系。虽然在18世纪和19世纪初期农业生产周期对一般企业的生产影响较大，但在以后则影响越来越小。二战后，经济危机的周期缩短更充分说明了太阳黑子理论的错误。其次，太阳黑子理论只是从气候以及宇宙变化等外生因素去寻找经济危机的成因，没有从经济形式本身的内在因素揭示周期性经济危机的成因，这样是无法真正揭示周期性经济危机的内在成因的。

第五节　有效需求不足论

凯恩斯主义是在1929年到1933年经济危机的背景下产生的，其全面否定萨伊定律，认为需求能够创造供给，并在"个人消费倾向"、"资本边际产出"以及"个人偏好"的基础上，提出有效需求的概念，认为有效需求不足，是形成经济危机的根本原因。

凯恩斯认为，"个人消费倾向"是由人的习惯、心理以及社会背景共同决定的，会随个人收入的提高而下降，因此，当国民收入提升时，收入和消费之间的缺口会不断加大，导致需求小于供给。而"资本边际产出"为新增的每单位投资可得到的利润，当资本边际产出高于资本的使用成本，即利息时，投资会增加；当资本边际产出等于利息时，投资将停止，在长期看来，资本边际产出是不断递减的，这也将是导致资本边际产出不足的原因之一。"个人偏好"是指个人基于交易动机、谨慎动机以及投机动机等心理，偏好于持有一定量的货币，而非全部储蓄。因此，在货币总量一定的前提下，由于人们对于持有货币偏好的存在，会使利率保持在高位，导致投资不足。

在上述理论的基础上，凯恩斯提出了"有效需求"的概念，有效需求是商品的总供给价格与总需求价格平衡时的总需求，总需求由消费需求和投资需求构成。有效需求不足时，均衡条件下的就业量小于充分就业的就业量，是资本主义大量失业存在的原因。对于有效需求不足的原因，凯恩斯认为其可分为消费需求和投资需求两方面。在消费需求层面，由于经济危机时期对失业可能性的忧虑，导致人们不断减少消费，使社会总需求降低；在投资需求层面，由于货币总供给量不足以及流通速度较慢等原因，导致社会整体中没有足够的货币支付投资需求。在理论上，"有效需求"理论否认了"萨伊定律"。"有效需求"理论如图四所示：

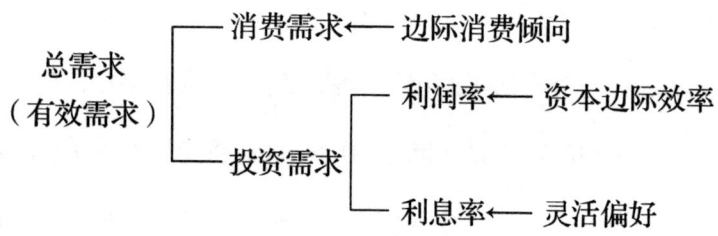

图四：有效需求理论

消费需求取决于收入水平。消费占收入的比例关系叫消费倾向，增加的收入所引起的消费增加叫边际消费倾向。虽然随着收入增加，人们有增加消费的倾向，但是，人们有一种正常的基本心理规律，"当所得增加时，人们将增加其消费，但消费的增加，不如其所得增加之甚"。即随着收入的增加，消费的增加越来越少，边际消费倾向是递减的，这就意味着会出现消费需求不足。

投资需求取决于利润率和利息率的差额。利润率与利息率的差额越大，投资也就越多。利润率取决于资本边际效率，即预期的利润率。随着投资的增加，资本边际效率是递减的。由于人们心理上对货币的灵活偏好，即出于交易动机、预防动机和投机动机愿意持有现金的偏好，利息率的降低有一定的限度。这样，资本边际效率的递减和灵活偏好限制了投资，使投资需求也不足。边际消费倾向递减规律、资本边际效率递减规律和灵活偏好规律这三个心理规律导致有效需求不足，这正是资本主义危机和失业的根源。

基于上述原因，凯恩斯认为，在经济危机发生时，政府应采取扩张性的货币政策和积极的财政政策，以尽快摆脱经济萧条的影响。其中，扩张性的货币政策包括政府通过公开市场业务、调整准备金率或利率等方法影响市场货币使用成本，以提高市场货币供给；积极的财政政策是指政府加大公共投资和政府购买，并利用相关政策鼓励私人增加消费，例如，可利用适度的通货膨胀，使居民实际工资下降，促进消费。

在经济政策上，凯恩斯反对自由放任，主张政府运用财政政策和货币政策进行需求管理，以弥补有效需求的不足。凯恩斯十分重视财政政策，认为货币政策只是财政政策的补充。凯恩斯主义经济危机对策，见表一、表二。

表一：凯恩斯主义的财政政策

	总需求<总供给	总需求>总供给
税收政策	减税——以增加消费和促进投资。从而提高总需求水平，使总需求水平与总供给一致。	增税——以压缩消费和减少投资。从而减少总需求水平，使总需求水平与总供给一致。
财政支出政策	增加财政支出——包括增加公共工程支出，增加政府购买，增加转移支付等，以扩大消费和促进投资，从而提高总需求水平，使总需求与总供给一致。	减少财政支出——包括减少公共工程支出，减少政府购买，减少转移支付等，以压缩消费和减少投资，从而降低总需求水平，使总需求与总供给一致。

表二：凯恩斯主义的货币政策

	总需求<总供给	总需求>总供给
准备率	降低准备率——以便商业银行能扩大放款，增加货币供应量，降低利息率水平，促进企业家投资，从而增加总需求。	提高准备率——迫使商业银行收缩放款，减少货币供应量，提高利息率水平，阻碍企业家投资，从而减少总需求。
贴现率	降低贴现率——迫使商业银行向中央银行借款，这样，商业银行不但可以不抽回对私人企业的贷款，甚至可以扩大对私人企业的贷款，增加货币供应量，降低利息率水平，促进私人投资，从而增加总需求。	提高贴现率——限制或减少商业银行向中央银行借款，这样，迫使商业银行收缩放款，减少货币供应量，提高利息率水平，阻碍私人投资，从而减少总需求。

公开市场业务	中央银行通过公开市场买进政府债券。这样，中央银行的支票进入市场，并被存入商业银行，商业银行在增加存款后可以扩大放款，增加货币供应量，降低利息率水平，促进私人投资，从而增加总需求。	中央银行通过公开市场卖出政府债券。这样，中央银行得到商业银行支票，商业银行存款减少，不得不收缩放款，于是货币供应量减少，利息率水平上升，阻碍私人投资，从而减少总需求。

二战后，凯恩斯主义取代经济自由主义，在西方经济学中居正统地位。凯恩斯主义的国家干预政策在西方各国的广泛运用，促进了战后五六十年代西方国家的经济繁荣。

凯恩斯主义承认资本主义存在危机和失业，主张国家干预，反映了社会化大生产的客观要求，适应了国家垄断资本主义发展的需要。

凯恩斯用三个心理规律来解释资本主义存在危机和失业的原因，具有较明显的局限性。西方经济周期理论的权威人士哈伯勒在《繁荣与萧条》一书中把凯恩斯理论归入心理理论的范围。应当承认，人们的心理因素对社会经济活动是有影响的，但是，心理因素与社会经济关系及其客观经济规律相比，前者是第二性的，后者是第一性的。凯恩斯撇开资本主义的生产关系来研究危机和失业，不可能科学地揭示出资本主义经济的内在规律。

第六节　新自由主义学派论经济危机

20世纪70年代初，西方国家出现了严重的滞胀局面，凯恩斯的经济政策药方失效，凯恩斯主义受到质疑，出现了以反对政府干预为主要观点的新自由主义。新自由主义认为经济危机是由于政府采用凯恩斯主义，对市场进行过度干预而产生的。强调以"无形的手"调节下的自由竞争的重要性，由此导致凯恩斯主义的衰落和各种新自由主义学派的兴起，包括货币学派、供给学派、理性预期学派，等等。它们的共同特点是反对国家干预，主张自由放任，认为当代资本主义具有自我调节功能。在80年代，新自由主义在西方国家产生了广泛的影响。英、美、德、日等西方国家普遍采取了新自由主义的经济政策，在一定程度上抑制了通货膨胀，推动了经济增长。

（一）货币学派观点。以弗里德曼为代表的货币主义以货币数量论为核心，认为由收入、边际资本产出、通货膨胀率以及个人偏好共同决定的货币供给量对于经济危机的产生具有决定性作用。当货币发行量高于生产产品总价值时，通货膨胀就会产生。但由于自然失业率的存在，通货膨胀率与失业率之间不存在替代关系，因而凯恩斯主张利用通货膨胀降低失业率的举措只能导致"滞胀"。而对于"滞胀"的解决措施，应采用只以货币供应量为唯一调节因素的货币政策，应保证货币供应量与经济增长之间保持同步。这种观点对于缓和资本主义矛盾具有积极作用，但其忽视了失业的产生以及解决方法。

在理论上，货币学派提出了现代货币数量论，认为货币是支配资本主义产量、就业和物价变动的唯一重要因素。货币学派认为资本主义经济运行之所以存在问题，其主要原因并不像凯恩斯所说的是由于三大基本心理规律所决定的需求不足，而是由于货币方面受到了扰乱。通货膨胀在本质上是一种货币现象，其根源在于货币供给量的增长率超过了产量增长率。

在经济政策上，首先，货币学派反对凯恩斯主义的财政政策，主张削减政府支出，降低税收，平衡预算。其次，货币学派认为货币政策最重要，但反对凯恩斯主义以控制利率水平为目标的货币政策，主张采用控制货币供给量增长率的"简单规则"的货币政策。即把货币供应量作为唯一的政策工具，由政府公开宣布一个每年的货币增长率，并在较长时期内维持在固定不变的水平上，以稳定物价，为市场机制正常运行创造一个良好的环境。

货币学派把极其复杂的社会经济变动，简单归结为货币数量的变动。认为只要货币供应量的增长与经济增长相适应，经济就能健康发展。这种理论过分夸大了货币的作用，颠倒了社会再生产中生产与货币流通的主次关系。但货币学派在20世纪五六十年代就反对凯恩斯主义者用扩张性的财政与货币政策刺激经济，并提出过一些合理的意见，是有远见的。货币学派强调货币数量对流通以及生产的作用，主张以控制货币供应量作为反通货膨胀的主要手段等，在西方国家的经济实践中取得了一定的成效。

（二）供给学派反对凯恩斯主义需求创造供给的论断，认为需求不一定创造供给，可能造成通货膨胀，影响社会经济主体对于储蓄和投资的预期，从而产生经济危机。因此，经济危机产生的根本原因是供给缺乏，应通过减税、削减政府开支等措施，提高社会供给，避免经济危机。

在理论上，供给学派信奉萨伊定律，认为供给创造需求这一观点在现代仍然是正确的。资本主义经济运行的问题不是由于需求不足，而是在供给方面。在滞胀形成的原因上，与货币学派的解释不同，认为凯恩斯主义经济政策对供给的破坏，是造成滞胀的根本原因。

在经济政策上，反凯恩斯主义之道而行之，主张从需求管理转向供给管理。削减税收，降低个人所得税和公司所得税的边际税率。以拉弗曲线为依据的减税政策是供给学派经济政策的核心内容。削减政府支出，主要是减少福利支出。削减支出的目的不是为了要弥补因减税而造成的政府收入的减少，而是为了减少政府对经济的干预，充分发挥市场机制的作用。放松政府管制，管制加重了企业的负担，增加了产品生产的成本和大量的非生产性开支，束缚了企业的手脚，扼杀了企业家的创造性和进取精神，从而造成了生产率增长的停滞和国际竞争能力的减弱。

供应学派强调经济的供给方面，是对凯恩斯主义所忽视的供应方面的重要补充，对西方经济的发展具有一定的意义。但是，供应学派主张供给能够自动创造需求的理论，与大危机以来的资本主义经济的现实不符。

西方经济理论试图在资本主义制度所容许的范围内寻找各种经济问题产生的原因，并提出解决问题的政策。各流派之争，只是在市场和政府发挥作用的程度、范围和方式上存在差异，并非本质上的不同。如新自由主义不同于传统的经济自由主义之处在于，前者一般都主张在国家有限的干预下强调经济自由，后者则主张实行完全的自由放任。应当指出的是，西方经济理论和政策是以市场经济为背景的，是对这种经济运行规律的分析。从西方经济理论和政策演变的历史来看，对市场和政府关系的认识在不断地深入。在此基础上，西方国家对市场失灵和政府失灵的纠正能力在不断提高。我国现在实行的是社会主义市场经济，因此，西方经济理论和政策，以及西方国家的实践经验，对我国具有借鉴意义。

第三章　马克思对西方经济危机理论的批判

马克思从生产力决定生产关系，生产关系对生产力有反作用的历史唯物主义角度，指出生产资料私人占有制和生产社会化之间的矛盾是资本主义社会经济危机爆发的根源。相对于西方学者的观点，马克思的观点在以下两个方面体现了其理论的先进性和科学性。一是从资本主义生产方式自身的内在矛盾中去寻找经济危机的根源和生成机制，而不像西方主流经济学者那样仅仅停留在外在的、就事论事的现象层面上去解释经济危机；二是从周期性危机中演绎出资本主义发展的历史趋向，并由此而引出社会主义制度存在的历史合理性和现实正当性，这当然是西方主流经济学关于危机的理论中所缺失的。

第一节　对经济无危机论的批判

马克思说："有一种最愚蠢不过的教条：商品流通必然造成买和卖的平衡，因为每一次卖同时也就是买，反过来也是一样。"马克思所说的这一种教条，就法国资产阶级庸俗经济学家萨伊提出来的，在经济学说历史上被叫作萨伊定律。萨伊定律用一句话说，就是供给能自动地创造自己的需求平衡。萨伊定律竭力为资本主义制度进行辩护，把它说成是一个没有危机的和谐的社会。具体的论证方法是：把资本流通与商品流通相混淆，把商品流通与简单的商品交换相混淆，从而得出了资本主义经济不可能出现供给大于需求的结论，否定资本主义经济会出现生产过剩的经济危机。

一、对"萨伊定律"逻辑性批判

马克思指出"萨伊定律"在逻辑上是相当混乱的。按照萨伊的逻辑，供给与需求相等被视为供给的商品与作为需求对象的商品在价值上的等值。但是，马克思说，这种相等纯属名义上的，因为商品作为一个价值，其供给只有同货币相交换才能实现，而作为同货币交换的对象，供给又取决于自己的使用价值，但是作为使用价值，供给绝不是由物化在它本身中的劳动时间来计量的，而是用一种和它作为交换价值的性质毫无关系的尺度来计量的。由此可见，宣称商品的供给会自动创造出对它自身的需求，这种说法本身已包含着逻辑上的混乱。

二、对货币媒介作用的批判

马克思认为，简单商品经济与资本主义商品经济有着本质区别，简单商品经济交换的目的是为了获得商品本身，货币只是交换媒介而已，而资本主义商品经济用货币购买商品的目的是为了获得更多的货币，在此货币是作为资本的货币。而萨伊犯了简单地抽去商品流通和产品交换之间的区别，把两者等同起来的错误。在萨伊的理论中，由于货币仅仅是交易媒介，即使存在商品流通也不存在危机的可能性。也就是说，萨伊定律企图把资本主义生产当事人之间的关系，归结为商品流通所产生的简单关系，从而否认资本主义生产过程的矛盾，也就否定了资本主义经济关系的本质特征。

三、对"萨伊定律"内容批判

马克思批判道："用一方面的生产不足来说明另一方面的生产过剩的观点无非是说：如果生产按比例进行，那就不会发生生产过剩。如果需求和供给彼此相符，也就不会发生生产过剩。如果一切领域具有进行并扩大资本主义生产的同样的可能性，也就不会有生产过剩。"一方面，以货币为媒介的商品交换，即商品流通，事实上把卖和买分离成为两个过程，这两个过程在时间上、空间上和数量上都分离了，卖商品的人取得货币以后，不一定马上买，也不一定在此地买，也不一定按原价买，所有这些，都可能造成别人出售商品的困难，在一定程度上表现为生产过剩。因此，商品流通包含着经济危机的可能性。另一方面，买和卖的分离使一部分商品价值无法马上实现。而货币作为支付手段职能的出现，使资本流回生产领域之前经历一个很长的时间，此阶段市场对产品的需求可能会与预计需求有很大偏差，因此供给与需求是不可能总相一致的。马克思指出："认为市场商品充斥等不可能的学说，在抽象理论上是正确的，但是在实践上是错误的。危机有规律地反复出现把萨伊等人的胡说实际上变成了一种只在繁荣时期才使用，一到危机时期就被抛弃的空话。"因此萨伊的理论只适用于简单商品经济下的供需关系。但把资本主义生产关系条件下的商品经济关系简单地等同于物物交换的关系，撇开生产中实际存在的对立关系，从而否定了经济危机的存在，是完全错误的。对此，马克思在讲到这里时给出了一个注脚："在这里，经济学辩护士的方法有两个特征：第一，简单地抽去商品流通和直接的产品交换之间的区别，把二者等同起来。第二，企图把资本主义生产当事人之间的关系，归结为商品流通所产生的简单关系，从而否认资本主义生产过程的矛盾。但商品生产和商品流通是极不相同的生产方式都具有的现象，尽管它们在范围和作用方面各不相同。因此，只知道这些生产方式的所共有的抽象的商品流通的范畴，还是根本不能了解这些生产方式的不同特征，也不能对这些生产方式作出判断。任何一门科学都不像政治经济学那样，流行着浅显的普通道理来大肆吹嘘的风气。例如，让·巴·萨伊由于知道商品是产品，就断然否定危机。"

第二节　对局部经济危机论的批判

一、对生产部门间比例失调问题批判

马克思并不反对供求关系对生产的调节作用，但反对仅仅停留在供求层面上去理解生产部门间的比例失调问题。李嘉图认为，既然生产本身是由生产成本来调节的，因而它也调节了自身。倘若某一特定生产部门的资本没有实现其自身价值增殖，它就会在一定程度上从该部门抽出，转入需要它的其他部门。针对这种观点，马克思提出了两点看法：（1）在一个总体性的危机中，问题并不在于资本在哪一个生产部门更能获利，而在于在所有的部门都不能获利，也就是说，在生产过剩的普遍危机中，矛盾并不是出现在各种生产资本之间，而是出现在产业资本与借贷资本之间，即出现在直接包含在生产过程中的和在生产过程以外独立地作为货币出现的资本之间。（2）资本积累的基本趋向是突破各种障碍，因而打破各种比例关系，而供求关系作用之下资本在各部门之间的重新分配仅仅是一个次要的趋向而已。实现资本在各生

产部门间均衡分布的这种平衡的必然性本身就是以不平衡、不协调为前提的。所谓合乎比例生产，如果只是指资本有按照比例分配自己的趋势，那么，由于资本无限度地追求超额劳动、超额生产率、超额消费，等等，它同样有超越这种比例的必然趋势。资本因无限度地追求自身增殖而必然造成生产比例失调趋势，是由竞争强制驱动的一个客观结果。而竞争的积极意义在于资本主义生产的内在趋势作为一种外部力量强加于个别资本家。通过供求关系的压力作用，决定了资本主义生产只能在生产比例协调的限度之内。但是，竞争又通过驱使资本家竭力发展生产力而导致资本主义生产总是超出其生产比例协调的限度。当一个生产部门超出其市场限度时，将促使与它互补的生产部门接着也出现生产过剩，由此便可见，生产失调并不局限于一个生产部门，而必然总是总体性的现象。在竞争驱使下资本主义生产出现比例失调的趋势，与竞争再一次将比例协调强加于资本的趋势，这两种趋势是交替作用的，因而生产比例协调的实际恢复就反而成为一种纯属偶然的事了。马克思区分了特定部门的生产过剩与总体上的生产过剩，而李嘉图看到的是资本主义生产的无限增长趋向，却忽略了流通上的障碍。

二、对李嘉图否认普遍生产过剩的批判

李嘉图承认市场上存在个别种类商品的生产过剩，否定了普遍商品生产过剩的事实，认为生产过剩只会发生在局部。马克思把这种观点看成是一种可怜的遁辞。危机，只要包括了主要交易品，就会成为普遍性的。假如棉布生产过剩，那么他不仅将影响这个部门的工人，而且将影响纺纱工、棉农、火车司机以及铁和煤和生产者。如果不仅棉布，而且麻布、丝绸和呢绒都发生生产过剩，那么不难理解，这些为数不多但居主导地位的物品生产过剩就会在整个市场引起其他带普遍性的生产过剩。唯一能够防止在一切部门同时发生生产过剩的情况，是商品同商品的交换。就是说，抱这种观点的人求助于假定存在的是物物交换的条件。但是通向这种遁辞的道路恰好被切断了。商品流通不是物物交换，因此一种商品的卖者完全不必同时又是另一种商品的买者。也就是说，商品流通中买和卖的分离造成部分商品价值无法实现，这就使直接产品交换中买和卖的直接同一性分裂为买和卖的对立性了。买和卖的内部统一，是运动于外部对立之中的。当买和卖的对立发展到一定程度，许多商品的价值无法转化为货币，它们的统一就要靠危机来实现。

李嘉图将资本主义生产同简单商品生产甚至是直接的物物交换混为一谈，从而否认存在普遍生产过剩的经济危机的存在。马克思指出，包含着交换价值和使用价值的对立的商品变成了单纯的产品，因而商品交换变成了单纯的产品的物物交换，仅仅是使用价值的物物交换。这就不仅退回到资本主义以前，而且甚至退回到简单商品生产以前去了。以前，李嘉图忘记了产品就是商品；现在，他连社会分工也忘记了。在人们为自己而生产的社会条件下，确实没有危机，但是也没有资本主义生产。正是由于社会分工的出现，一切商品对它们的所有者是非使用价值，对它们的非所有者是使用价值。因此，商品必须全面转手。一旦商品实现发生困难，普遍生产过剩的危机就不可避免。李嘉图把局部生产过剩同普遍生产过剩对立起来，就是为了逃避承认后者的存在。因此论证不可能有危机的办法就是，忘记或者否定资本主义生产的最初前提——产品作为商品的存在，商品分为商品和货币这种二重化，由此产生的在商品交换中的分离因素，最后，货币或商品对雇佣劳动的关系。然而在资本主义生产条件下，没有资本家生产的直接目的是为了占有价值，获得资本的增殖。货币在这里不仅仅起到交换媒介的作用，而是作为一种商品独立存在。任何时候都不应该忘记，在实行资本主义生产的条件下，问题并不直接在于使用价值，而在于交换价值，特别在于增加剩余价值。这是资本主义生产的动机。为了通过论证来否定资本主义生产的矛盾，就撇开资本主义生产的基础，把这种生产说成是以满足生产者的直接消费为目的的生产，这倒是一种绝妙的见解。因此，李嘉图所说的不是所有种类的商品，而只是个别种类的商品，才能在市场上过剩，因此生产过剩只能是局部的，这种论点是一种可怜的遁辞。

第三节　对消费不足论的批判

西斯蒙第在经济学说史上有着特殊的地位，他是第一个反对经济自由主义的经济学家，是法国古典政治经济学的完成者，也是最早认为资本主义存在着生产过剩的经济危机，否认资本主义无危机论。他看到了生产的无政府状态与消费不足之间的矛盾是引发经济危机的重要原因，指出了资本主义生产的最终目的是为了获得利润。在这一利益的驱使下，资本主义生产追求盲目的扩张。而自由竞争又导致大量独立的小生产者遭到排挤，面临破产、失业和贫穷的困境。不公平的社会分配制度使财富集中在少数人手中，造成劳动者的收入与消费日益减少，市场狭窄，产品实现困难。西斯蒙第认为生产不适合消费才是产生危机的基本原因，同时他把人民群众和工人的消费不足提到首位。认为消费先于生产并决定生产，并用劳动人民的贫困来解释危机，这便是他的消费不足理论。他指出了生产和消费的相互依存关系，强调了个人消费对社会主义再生产的重要性，也具有一定的合理性，但是他的经济危机理论也存在着明显缺陷。

一、西斯蒙第理论基础是错误的

西斯蒙第经济危机理论的基础有两个：一是"斯密教条"，认为年生产物全部分解为工资、利润、地租三种收入，丢掉了不变资本价值，这样一来，西斯蒙第所谓的社会产品实现问题就仅指消费品的实现而没包括生产资料的实现问题；二是西斯蒙第的"消费先于生产"的理论，他认为，人们进行生产只是为了满足其需要，消费引起生产并决定生产，生产创造收入，收入又决定再生产。产品是用收入购买的，商品与商品的交换，归根到底是商品与收入的交换。而马克思经济危机理论的基础是他关于社会资本再生产的理论。马克思按照社会产品的最终用途，把社会生产划分为生产资料和消费资料两大生产部类，把社会总产品从价值形态分为不变资本价值、可变资本价值和剩余价值三个组成部分。社会总产品的实现问题包括价值补偿和实物补偿两个方面，前者是指社会总产品各组成部分的价值，如何通过商品的全部销售，以货币形式收回，用以补偿生产中预付的不变资本和可变资本价值并获得剩余价值；后者指社会总产品各组成部分的价值转化为货币形式以后，如何再转化为所需要的产品，其中相当于不变资本的价值。列宁认为，从西斯蒙第消费决定积累的见解中，从他对社会总产品的实现所作的错误理解中，自然地和不可避免地产生出一种用生产消费的不适合来解释危机的学说。他的消费决定生产的观点从根本上否定了生产对消费的决定作用，是错误的。生产为消费提供对象，规定消费的方式，为消费创造动力，生产对消费起决定作用。他还接受"斯密教条"，把商品的价值等同于收入，即工资和利润，也就是可变资本和剩余价值，丢掉了不变资本部分，仅仅强调个人消费和生活资料实现问题，忽略生产消费，也就忽略了生产资料消费对资本主义再生产的意义。因此不能正确分析资本主义再生产。

二、对经济危机发生的根源理解是错误的

西斯蒙第把经济危机的总根源归结为资本主义的根本矛盾，即资本主义大生产和它不合理的分配制度造成的生产无限扩大和消费不足的矛盾。一方面资本主义生产具有无限扩大的趋势，因为资本主义把积累财富作为生产目的，而这一目的是无限的，资本主义分配造成利润不断增长使生产有不断扩大的可能，资本主义下生产者之间自由竞争，要想压倒对方就要不断扩大生产。另一方面资本主义社会消费不足，因为资本主义大生产使许多小生产者破产，缩减了他们的收入从而缩减了他们的消费，资本主义分配发展的趋势是不断增加利润而压低工资，导致工人阶级收入和消费减少，而富人用于个人消费的财富同用于扩大生产的财富相比也在不断减少。可见，西斯蒙第把经济危机的根源归为资本主义生产与消费的矛盾。马克思则认为，危机的根源在于生产的社会性和生产成果的资本主义占有形式之间的矛盾。具体表现在两点，一是个别企业生产的有组织性与整个社会生产的无政府状态之间的矛盾，二是资本主义生产具有无限扩大的趋势与劳动人民有支付能力的需求相对缩小之间的矛盾。当这两

种矛盾发展到尖锐的程度使社会再生产的实现条件遭到严重破坏时，就会出现经济危机。西斯蒙第并未找到危机的根源，仅仅将资本主义经济危机归因于生产与消费的矛盾。列宁在《评经济浪漫主义——西斯蒙第和我国的西斯蒙第主义者》一文中揭露了西斯蒙第经济危机理论的实质，他指出，如果我们用产品实现的不可能性，用生产和消费之间的矛盾来解释危机，那么我们就会否认现实，否认资本主义道路的适当性。如果我们用生产的社会性和占有的个人性之间的矛盾来解释危机，我们就是承认资本主义道路的现实性和进步性。

三、对资本主义生产的目的理解有误

西斯蒙第混淆了小商品生产的目的和资本主义生产的目的。前者以消费为目的，后者以剩余价值为目的。他用小生产者的眼光，小资产阶级的理想看资本主义世界，认为资本主义社会是非正常的，用小资产阶级的浪漫幻想，即用落后的小生产代替资本主义大生产，以削弱大生产发展小生产作为克服经济危机的途径，也是一种历史的倒退。

四、对经济危机特征的论断不符合实际

西斯蒙第断言资本主义经济危机是永续不断的、永久性的经济危机而不是周期性的，因为今年的产品是用去年的收入购买的，只有今年的生产与去年的收入相适应才不会发生生产过剩。但资本主义生产年年扩大，今年的产品总是超过去年的收入，这就发生了一种永恒的收入不足因而经常存在着过剩的产品，所以资本主义经济会永远处于生产过剩的危机中。马克思却指出，资本主义经济危机具有明显的周期性，经济危机每隔若干年就爆发一次。经济危机之所以周期性地爆发，其原因在于资本主义基本矛盾运动过程本身的阶段性，只有当资本主义基本矛盾发展到尖锐化程度，使社会再生产的比例严重失调时，才会发生经济危机。而经济危机以后一段时期内，资本主义各种矛盾暂时缓和，生产重新恢复和发展。但由于资本主义基本矛盾从而产生经济危机的根源并没有消除，因此，随着资本主义生产的恢复和高涨，资本主义基本矛盾又重新激化，必然导致再一次经济危机的来临。经济危机的周期性爆发，使资本主义再生产过程也具有周期性。从一次危机爆发到下一次危机爆发所经历的时期，即一个再生产周期，它一般包括危机、

萧条、复苏、高涨四个阶段。经济危机不是连续不断地发生的，消费不足也难以说明经济危机。西斯蒙第对经济危机特征的论断是不符合实际的，这一点资本主义经济危机的历史可以证明。经济危机是周期性的而不是永续不断的。从整个人类社会的发展来看，劳动群众消费不足在奴隶社会和封建社会都有存在，但却没有发生过生产过剩危机；从资本主义再生产周期来看，工人阶级在危机爆发前的"繁荣时期"的消费还会有所增加。所以，消费不足不能解释危机的根源。

五、关于克服经济危机途径的批判

作为小资产阶级的代言人，西斯蒙第认为克服经济危机的途径是回到小生产去，发展小生产。因为小生产有无比的优越性，不会发生经济危机。具体来说，小生产是为消费而生产，生产不是无限的；其产品就近销售或为人定做，最能了解市场需求状况，不会发生生产无限扩大和消费不足的矛盾；小生产者同生产条件不分离，全部劳动产品归自己，他不剥削别人也不受别人剥削，小生产能保证每个人的幸福。因此，要克服经济危机就得取消大生产，保存小生产，至少要削弱大生产，发展小生产。而作为革命家和旧制度的批判者，马克思认为克服经济危机的途径只能是用生产资料公有制代替资本主义私有制，让全社会占有生产资料，在此基础上的生产目的是为了满足人民群众日益增长的物质文化需要，生产也能在社会的统一计划指导下避免盲目性，从而避免经济危机。

第四章　马克思探索经济危机理论的
思想历程

从19世纪40年代初至50年代初是马克思经济危机理论的萌芽时期，这期间马克思在研究政治经济学的过程中逐渐形成了他对经济危机问题的一些观点，并将这些看法分散在他的部分著作中得以展现，这些成果形成了马克思经济危机理论的基本观点。马克思对经济危机理论的思考源于《哲学的贫困》，历经《雇佣劳动与资本》、《共产党宣言》、《政治经济学批判》，最终形成于《资本论》。他在这个阶段所进行的有关经济危机问题的探索，为其后来的理论研究奠定了坚实的基础。

第一节　《哲学的贫困》

马克思在《哲学的贫困》中对经济危机的思考主要包括三个方面内容：一是供给与需求、生产与消费的比例关系遭到破坏；二是发现了资本主义生产具有周期性的特征，生产一定要经过繁荣、衰退、危机、停滞、新的繁荣等周而复始的更替；三是生产的无政府状态是灾难丛生的根源。

马克思认为，供求之间的正确比例早就不存在了。它已经过时了，它只有在生产资料有限、交换在极狭隘的范围内进行的时候，才可能存在。随着大工业的产生，这种正确比例必然消失，由于自然规律的必然性，生产一定要经过繁荣、衰退、危机、停滞、新的繁荣等周而复始的更替。此时马克思已经发现了资本主义生产具有周期性的特征，而危机则是这周期循环过程中的一个阶段。在资本主义生产方式中，每一个生产者都力图通过发展生产力，扩大规模，减少生产的必要劳动时间。随着比较落后的生产者被更加先进的生产者所取代，生产出来的商品数量增加，价格下降。更加先进的生产者加入竞争，让使用比较落后的方法生产出来的现存产品贬值，破坏了生产和消费的比例关系。在1825年以前，消费的需求一般说来比生产增加得快，使供给和需求之间保持大致正确比例的，支配供给并先于供给的需求，生产紧随着消费。1825年之后，机械得到快速发展，大工业由于它所使用的工具的性质，不得不经常以愈来愈大的规模进行生产，它不能等待需求。生产走在需求前面，供给绑架需求，导致生产一定要经过繁荣、衰退、危机、停滞、新的繁荣等周而复始的更替。一年后，在布鲁塞尔民主协会公众大会上马克思发表了题为《关于自由贸易的演说》，又进一步将资本主义生产的周期循环表述为"繁荣、生产过剩、停滞、危机"等阶段，这一表述上的改变充分说明马克思此时已经看到生产过剩与经济危机之间存在的必然联系。同时，马克思认为生产的无政府状态是灾难丛生的根源。在以个人交换为基础的工业中，生产的无政府状态是灾难丛生的根源，同时又是进步的原因。1846年马克思在致安年科夫的一封信中，这一论点得到更加充分的展开，同时，生产力改造导致生产过剩这一观点，在这里也与资本家和工人之间围绕剩余价值生产的斗争直接联系起来。

第二节　《雇佣劳动与资本》

《雇佣劳动与资本》是马克思1847年12月在布鲁塞尔所作的一系列演讲，1849年刊载于《新莱茵报》。这部著作是马克思早期从事经济危机研究成果的重要体现，主要包括两个方面内容：一方面表述了经济危机与资本积累之间的联系，认为资本的不断积累会造成世界市场的日益狭窄，从而带动危机的愈益剧烈；另一方面指出了经济危机所带来的影响，频繁、剧烈的危机在破坏生产力的同时既加速了资本的集中，又扩大了无产阶级队伍，同时还造成了大批工人的死亡，成为资本的陪葬品。马克思通过分析资本和雇佣劳动之间的对抗性关系揭示出资产阶级社会生产关系的实质。

一、资本积累加剧了经济危机爆发

一个资本家只有在自己能更便宜地卖出商品的情况下才能竞争，而他必须能够更便宜地进行生产，才有可能更便宜地出卖商品又不破产。而增加劳动的生产力的首要办法是更加精细的分工，更全面的应用和经常改进机器。通过这一途径提高劳动生产率的资本家就必须出卖更多的产品，为自己的商品争夺更大更多的市场。可是，参与竞争的其他资本家也会采用同样的机器，实行同样的分工，并以同样的或更大的规模采用这些机器和分工，这些新措施将得到广泛的推广。显然，资本家不是因为市场需求的刺激才增加生产，而是在竞争压力的逼迫下引进新的生产方法，为扩大或仅仅是维持他的资本规模创造条件。新生产方法的引进降低了成本，但同时增加了产品的数量。然而，相对于先前的价格和生产条件而言，生产的增加就意味着商品的生产过剩，只有将价格降低到其他资本家的生产成本以下，从而将他们驱逐出商场，这一过剩才能得到解决。面对这一生产过剩的危机，较小的资本家可能被驱逐出场，但较大、竞争力较强的资本家绝不会就此屈服于命运。他们更大规模地采用新的生产方法，导致生产的进一步增加达到生产过剩的程度。

二、经济危机带来复杂的社会影响

马克思站在无产阶级的立场，看到了生产方式和生产资料是如何不断变更、不断革命的；分工如何必然要引起更进一步的分工；机器的采用如何必然要引起机器的更广泛的采用；大规模的劳动如何必然要引起更大规模的劳动。同时也看到了这一切变革给工人和社会带来的影响。这意味着对劳动技能的要求降低，劳工市场竞争更加激烈，工人的生活条件变得更不稳定，工资波动更为严重，资本家们"相互竞赛，看谁能解雇更多的产业士兵"。显然，生产过剩使工人陷入到危机之中，工人贫困化日趋严重。

第三节 《共产党宣言》

1848年2月出版发行的《共产党宣言》，不仅是科学社会主义的第一个纲领性文件，同时也是马克思将商业危机与资本主义制度联系起来的重要研究成果，他和恩格斯在其中明确提出了资本主义生产力和生产关系的矛盾是经济危机根源的结论，而经济危机是现代生产力反抗现代生产关系、反抗作为资产阶级及其统治的存在条件的所有制关系的结果。

马克思认为，生产力已经增长到这种关系所不能容纳的地步，资产阶级的关系已经阻碍生产力的发展，而当生产力一开始突破这种障碍的时候，就使整个资产阶级社会陷入混乱状态，就使资产阶级的所有制的存在受到威胁。而周期性生产过剩商业危机是资本主义生产方式矛盾运动的产物，这个产物越来越危及资产阶级社会的存在。资产阶级在其自身范围内无法克服这种危机，因为资产阶级的关系已经太狭窄了，再容纳不了它本身所造成的财富了，而它一旦着手克服这种障碍，就使整个资产阶级社会陷入混乱，就使资产阶级所有制的存在受到威胁。资产阶级在其自身范围内无法克服这种危机，因为资产阶级用来克服危机的方法不过是资产阶级在准备更全面、更猛烈的危机的一种办法，不过是使防止危机的手段愈来愈少的一种办法。此时的马克思将生产过剩的商业危机作为资本主义生产方式基本矛盾的产物，把危机与资本主义制度联系起来，将其对危机问题的研究引入了一个更加深入的阶段。1850年马克思在总结了1848年革命经验的基础上，指出新的革命只有在新的危机之后才有可能来临。但是新的革命的来临像新的危机的来临一样是不可避免的。他在分析了无产阶级革命与经济危机关系的同时阐述了危机发生的客观必然性。

第四节　《政治经济学批判》

《政治经济学批判》是马克思公开发表的第一部政治经济学著作，写成于1857—1858年，1859年6月由柏林敦克尔出版社出版。19世纪50年代后期，马克思认为1857年爆发的经济危机预示着无产阶级新的革命运动已经临近。马克思决心在革命开始前完成自己的著作，立即着手总结自己15年来经济研究的成果，以便从思想上武装战斗的工人阶级。他曾写道："我现在发狂似的通宵总结我的经济学研究，为的是在洪水之前至少把一些基本问题搞清楚。"此时，他已经对现代周期性危机有了清晰的认识。1857—1858年危机的爆发又给马克思提供了绝好的检验以往研究成果和探索新问题的机遇，危机期间马克思收集了大量资料，作了深入细致的跟踪研究。这些工作不仅使马克思对经济危机概念有了更明确的表述，而且对周期性危机的一般理论在体系中所处的位置、范围和内容有了更为明确的认识。按照马克思的计划，他以《政治经济学批判》命名的巨著共六分册：①资本；②土地所有制；③雇佣劳动；④国家；⑤对外贸易；⑥世界市场。后来马克思改变了写作这部巨著的原定计划，而着手写作《资本论》。

一、第一次触及了资本主义生产的总过程

在资本主义的经济中，交换双方是资本家或雇佣工人，交换客体是资本主义生产的商品。由于资本的再生产和积累以生产出来的价值和剩余价值在流通中得到实现为前提，而资本在流通过程中遇到了界限，即社会对资本主义生产的商品的有支付能力需要的界限，也就是说，资本本身无限的价值增殖欲受到双重限制，不仅受到使用价值的限制，而且也受到价值的限制，这些都是它本身的界限。

二、论述了经济危机"可能性"和"现实性"

对危机理论而言，非常重要的是区别危机的可能性和现实性。马克思第一次对商品、劳动、价值、货币和资本作了详细而系统的探讨，出现了危机理论的一些要素。在《货币》一章中，马克思在论述简单流通买卖分离的可能性时，提出了危机的抽象概念。马克思指出，由货币作为中介的商品流通，不可避免地分裂为买和卖两个表面上独立的阶段，这本身就已经包含着危机的一般可能性，在货币作为支付手段的职能中还存在危机的第二种可能性。这样，在货币作为媒介的规定中，简单的商品流通中就已经蕴含着危机爆发的可能性，这种可能性是伴随着货币流通手段和支付手段两种职能的发挥而产生的。在1861—1863年手稿中，危机"可能性"和"现实性"又被重新提出来，并得到进一步的扩充。

三、已经开始关注工业周期的物质基础

马克思深知机器设备更新的平均时间，是说明大工业巩固以来工业发展所经过的多年周期的重要因素之一。1858年3月2

日他写信给恩格斯，要求恩格斯告诉他工厂隔多少时间更新一次机器设备。恩格斯在1858年3月4日的回信中告诉了他一些有关机器设备折旧的通常做法和有关当时曼彻斯特棉纺织业的新投资和扩大投资的周期情况。马克思对恩格斯所作的解答表示非常感谢，并强调指出13年（或更短）的周期，就其必要性说来，与理论也相符，因为它在与大危机重现的周期相一致的工业再生产的周期上规定了一个计量单位。

第五节　《剩余价值理论》

《剩余价值理论》主要是根据1861—1863年期间《资本论》第二卷手稿而写成的23册笔记中的第6—15册、第18册、部分根据第21册和第22册编辑而成。它在许多方面显示出马克思在从《政治经济学批判大纲》到《资本论》的理论进程中所取得的发展。在《剩余价值理论》中，马克思深刻批判了萨伊、李嘉图等人否认资本主义社会发生普遍生产过剩危机的可能性，与此同时，他也否定了一切试图把资本主义经济危机的具体原因看作根本原因的错误观点。

这一时期，马克思对其危机理论进行了更为广泛、细致的研究，不仅对经济危机的可能性、现实性及其转化问题进行了比较深入的剖析，还对诸如危机的形式、后果、周期性的物质基础等一系列问题都作了比较详细的阐述，在研究的许多方面取得了新的进展，不仅使危机理论的轮廓更为清晰，内容也更加丰富，至此马克思的经济危机理论已经确立。

第六节　《资本论》

经过多年的准备酝酿，一部凝聚马克思毕生心血的政治经济学经典著作《资本论》得以问世。在《资本论》中，马克思将危机理论的相关内容分别融入资本主义的生产过程、流通过程和资本主义生产的总过程来加以考察，全面系统地论述了经济危机学说。

在以资本的生产过程为研究对象的《资本论》第一卷中，马克思在第一篇《商品和货币》章中，通过论述资本主义生产的最初前提指出了货币形态变化本身所具备的危机的可能性。

马克思在《资本论》第二卷中随即考察了资本的流通过程。在首先研究个别资本的运动过程中他总结了资本循环经历的三个阶段及其相应采取的三种职能形态，即购买阶段的货币资本的循环、生产阶段的生产资本的循环和售卖阶段的商品资本的循环，并指出资本循环正常运行的条件是资本循环的三个阶段在时间上顺次继起，三种职能形态在空间上并存。这一结论强调了只有在资本循环的统一中，才能实现总过程的连续性。但是，由于资本主义生产的无政府状态及其内在对抗性，使这种连续性无法持续进行，经济危机的可能性在这里迈出了向现实转化的第一步。由于资本循环都是反复不断进行的，由此形成了资本周转。在对个别资本运动分析的基础上马克思进一步研究了社会总资本运动，即社会总资本的再生产和流通过程，作为所有个别资本的有机总和的社会总资本，其运动是一个错综复杂的过程，马克思经过深入分析指出该过程的核心问题在于社会总产品的顺利实现，而社会总产品能否顺利实现，归根到底取决于各生产部门之间能否按客观的比例进行生产和交换，由于资本主义的私有制和对抗性的分配关系，使社会购买力受到很多限制，在资本家拼命扩大生产的同时，劳动人民的购买力却日益相对缩小，这种有支付能力需求的下降必然导致生产的下降，社会生产的总供给与总需求相脱节，周期性的危机必然使生产规模缩减。

　　在前两卷的基础上马克思最后在《资本论》第三卷中考察了资本主义生产总过程，在第三卷中他详细阐述了平均利润率下降趋势规律。利润率下降的必然趋势与利润绝对量的增加成为平均利润率下降趋势规律的一个内在矛盾，而这一矛盾又进一步引发和加深了生产扩大和价值增殖、剩余价值生产与实现、人口过剩与资本过剩之间等资本主义的各种复杂矛盾的进一步展开。资本在生产和流通过程中所采取的形态作为特殊的要素纳入资本总过程的各种形态，使危机的形式有了具体的内容。他在第二十五章《信用和虚拟资本》中着重强调了货币危机与现实危机的关系，马克思指出一旦劳动的社会性质表现为商品的货币存在，从而表现为一个处于现实生产之外的东西，独立的货币危机或作为现实危机尖锐化的货币危机，就是不可避免的。资本主义经济关系中由于存在大量的信用与虚拟资本，这使得危机在资本主义社会的发生更具现实性。

第五章　马克思经济危机理论的内涵

在马克思主义经典著作家看来，简单商品经济仅仅提供了经济危机爆发的可能性，"这种可能性要发展为现实，必须有整整一系列的关系，从简单商品流通的观点来看，这些关系还根本不存在"。根据马克思的分析，随着资本主义生产方式的建立，经济危机爆发所需要的"一系列关系"也初步形成。马克思经济危机理论的基础是社会资本再生产理论。社会资本再生产理论是在批判"斯密教条"的基础上建立起来的，通过对资本运动规律的总体分析，马克思指出了资本主义再生产过程中的内部矛盾和资本主义经济危机产生的必然性。马克思的社会总资本再生产理论，揭示了在资本主义条件下，社会再生产要能够顺利地进行，社会生产两大部类以及各个生产部门之间必须保持一定的比例关系。但是，由于资本主义固有的种种矛盾，社会再生产不可能顺利进行。其结果，会导致整个社会生产的比例失调和经济危机。

第一节　经济危机产生的条件

马克思在《资本论》中，对经济危机发生的可能性与现实性进行了分析。马克思认为并不是所有的经济都会爆发经济危机。经济危机是特定的生产方式下所产生的历史现象。

一、自然经济条件下的经济危机

首先，自然经济条件下不可能产生经济危机。由于自然经济是自给自足的经济，生产者生产的目的是满足自身的需要，因为生产的产品不用于交换，故生产的是产品的使用价值，生产者即消费者，生产与需求直接同一，所以不存在生产与需求的矛盾。尽管存在交换，这一交换过程中的交换客体仅限于剩余产品且交换行为十分偶然，但是任何参与交换的个人既是买者又是卖者，产品的交换存在直接的同一性。这种直接的交换过程是绝对平衡的，因此不可能引发任何形式的经济危机。也就是说，自然经济下不可能发生经济危机。

二、商品经济条件下的经济危机

商品经济，是与自然经济相对的经济形态，生产、分配、交换、消费等活动都必须借助于商品货币关系来进行的经济形式，是商品的生产、交换、出售的总和。商品经济是指直接以交换为目的的经济形式，包括商品生产和商品交换。商品经济最早产生于第二次社会分工，即手工业从农业中分离并进一步扩大，在第三次社会大分工时出现了商品经济的重要媒介——商人。当商品经济不断发展，商品之间的交换主要由市场调配时，这种社会化，由市场进行资源调配的商品经济就是市场经济。市场经济是商品经济发展的高级阶段。简单商品经济和发达商品经济，即市场经济是商品经济发展的两个不同阶段。

人类社会迄今有三种不同类型的商品经济，即简单商品经济、资本主义商品经济和社会主义商品经济。简单商品经济是商品经济的低级阶段，市场还没有在资源配置中起主导作用，平均利润率还没有形成。存在于奴隶社会和封建社会，在当时的整个社会经济中只处于从属地位，它以生产资料个体所有制和个体劳动为基础，以通过商品交换满足生产者自己的需要为目的，特点是为买而卖。资本主义商品经济以资本家占有生产资料和雇佣劳动为基础，以榨取剩余价值为目的，特点是为卖而买，不仅劳动产品成为商品，劳动力也成了商品，它在资本主义社会经济生活中占统治地位。社会主义商品经济以生产资料公有制为基础，以满足人民日益增长的物质文化生活需要为根本目的。对于那些原来经济比较落后、自给半自给经济在社会经济中还广泛存在的社会主义国家，商品经济的充分发展，是不可逾越的阶段，对于促进生产专业化、技术现代化和人民生活富裕化，具有重大的意义，是社会主义现代化建设的必要条件。商品经济的发展过程如图五所示：

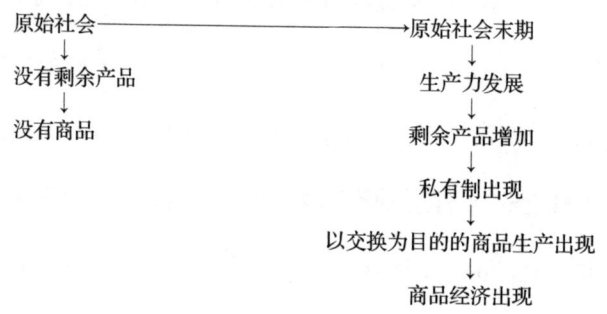

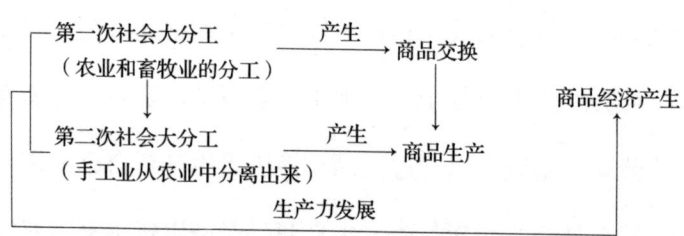

图五：商品经济的发展过程

首先，简单商品经济条件下虽有危机爆发的可能性，但不存在危机爆发的现实性。

简单商品经济条件下的交换是一种典型的、直接的物与物的交换。直接的物与物交换也不具有产生供给与需求严重脱节的可能性。因为在直接物与物交换下，买和卖还没有分离开来，对一种商品的生产除了满足自身的需求外，目的是换回另一种商品，这时对一种商品的生产就是满足对另一种商品的需求，因此生产的目的是为了需求。但是，在简单商品生产条件下，人类社会占主导地位的仍然是自给自足的自然经济，商品货币经济只处于从属地位，在这种情况下很难发生商品卖不出去的情况，生产与需求之间也不会存在严重的矛盾。因而商品内在的矛盾对立与冲突还仅仅是局部的、表层的，还不足以形成经济危机爆发的物质基础。在简单商品经济下虽有危机爆发的可能性，却不存在危机爆发的现实性。

其次，发达的商品经济条件下，存在经济危机爆发的可能性和现实性。

随着价值形式的发展，当货币出现并作为商品交换的媒介时，特别是当货币进入商品流通领域充当一般等价物（W—G—W）之后，人类社会进入以一般等价物为中介的间接的物物交换阶段（W—等价物—W）。此时情况就发生了质的改变。这种以G为媒介而进行的商品流通过程"不仅在形式上，而且在实质上不同于直接的产品交换"。在这种商品流通过程中，由于G的介入与交换时间和空间的不断扩展，交换内部原有的统一被分裂成买（G—W）和卖（W—G）这两种行为。买和卖在时间上和空间上分裂成了两个独立的行为，卖主在获得货币以后，并不一定马上就去购买，这样就会使商品的买卖在时间和空间上发生对立与分离，如果有较大数量的商品没有很快被购买，就有可能造成市场上一部分商品过剩、卖不出去的现象。这两种行为的外部对立促成使用价值与价值、私人劳动与社会劳动、具体劳动与抽象劳动以及物的人格化与人格的物化这四对商品本身内在矛盾的不断运动、发展甚至激化。这些矛盾运动的最终结果必然导致商品流通过程中社会需求与社会供给在空间与时间上出现双重断层，预示着商品流通中可能出现需求与供给的失衡，为经济过剩危机的爆发提供了可能性。所以，在货币作为流通手段的职能中就已经蕴藏了危机产生的第一种可能性。其次，随着商品生产和商品流通的发展，商品买卖日益采取赊购赊销的方式，很多商品生产者之间出现了债权债务关系，形成了一种支付关系的锁链，只要少数人到期不能支付欠款就会发生连锁反应，当整个信用关系被破坏时，就会爆发生产过剩的危机。随着期货市场的发展，商品的买卖分离的交易继续被扩大，危机产生的可能性也进一步扩大。所以，在货币作为支付手段执行其职能时，危机的爆发具备了第二种可能性。

以上马克思从商品经济本身的发展及其内在矛盾的角度出发，从形式上说明生产过剩危机发生的可能性。但是，危机的可能性并不就是危机的必然性和现实性。第一，在以工场手工业为生产方式的商品经济生产中，生产水平低下，社会分工不发达，不容易出现生产过剩。第二，信用关系尚未完全展开，即使出现支付困难和买卖脱节，也仅限于局部，不会使整个社会爆发危机。

由经济危机的一般可能性转变为资本主义经济危机的可能性，是在商品生产转变为资本主义商品生产的条件下实现的。马克思指出，资本主义商品生产一开始就是发达的商品生产，发达的商品生产使商品内在矛盾的各种形式得到了充分的体现，而资本主义生产方式的矛盾展开只有在商品内在矛盾能够充分展开的地方才能实现。机器大工业是危机的可能性向现实性转化的物质基础。因为当机器大工业产生以后，资本本身的扩张力突然增强。这样"一旦与大工业相适应的一般生产条件形成起来，这种生产方式就获得一种弹力，一种突然的跳跃式扩展的能力，只有原料和销售市场才是它的限制。当机器工业如此根深蒂固，以致对整个国民生产产生了绝对的影响时才开始出现不断重复的周期，它们的各个相继的阶段都为时数年，而且它们总是以一场普遍危机的爆发而告终。

只有在资本主义生产方式确立后，随着商业信用的发展和生产与消费矛盾的扩大，经济危机才会爆发。

第二节　经济危机产生的可能性

马克思是从揭示危机的一般可能性开始阐述经济危机理论的。《资本论》阐述的内容是包含了危机最一般的可能性或最抽象的形式，以及得到进一步发展的危机的可能性或得到进一步发展了的危机的抽象形式。马克思在分析商品流通形式时就明确指出，在简单商品生产和流通中，包含着经济危机的两种可能性。危机的第一种形式是商品形态变化本身，即买和卖的分离。危机的第二种形式是货币作为支付手段的职能，这里货币在两个不同的、彼此分开的时刻执行两种不同的职能。这是

《资本论》第一卷中的内容。在叙述资本如何被生产出来的流通过程或再生产过程中，第一卷在考察商品简单形态变化时已经显露出来的危机以发展和复杂的形式表现出来。这是《资本论》第二卷中的内容。第一卷是第二卷的基础，第二卷是第一卷的深化。一旦两个过程不能顺利地互相转化而彼此独立，就会发生危机。

一、商品流通中经济危机的可能性

货币作为媒介进入到商品交换过程中，改变了先前商品流通规律，导致商品流通过程中社会需求与社会供给在空间与时间上出现双重断层，预示着商品流通中可能出现需求与供给的失衡，为经济过剩危机的爆发提供了可能性。

1. 商品交换过程的矛盾和形态变化

商品是使用价值和价值的统一，这是商品体内在的一对矛盾。这对内在的矛盾如果不转化成为外在的矛盾，就永远无法解决这对矛盾。商品交换过程包含着矛盾和互相排斥的关系，商品的发展和价值形式的变化并没有"扬弃这些矛盾"，而是"创造这些矛盾在其中运动的形式。一般说来，这些就是解决实际矛盾的方法"。商品交换过程的实质内容，是使商品从把它们当作非使用价值的人手中转移到把它们当作使用价值的人手中。这个过程也就是一种"社会的物质变换"过程。而要完成这个社会的物质变换，商品就必须完成自己的形态变化。

商品交换使商品分成商品和货币，而这种二重化决定了商品形态变化的对立性质，即买和卖的对立。作为商品所有者，他要完成两个互相对立互相补充的商品形态变化的行为，即把自己的商品变成货币，然后又用自己的货币变成对自己有使用价值的商品。货币在这里仅仅作为交换的媒介。全部过程是：

商品—货币—商品

$$W—G—W$$

W表示商品，G表示货币，W—G—W表示商品交换的过程，以货币（G）作为商品交换的媒介，是对原始社会时期物物交换的发展。物物交换的公式为W—W。货币的介入，使物物交换W—W转为以货币为媒介的商品流通W—G—W，物物交换中的等价交换规律，也展开为价格与价值相符的规律，即平均价格规律。平均价值与价格相符作为一种内在的趋势，大大促进了生产力发展和商品交易的进行W—G—W，"从物质内容来说，这个运动是W—W，是W换W，是社会劳动的物质变换，这个物质变换的结果一经达到，过程本身也就结束"。

2. 商品形态变化中的第一形态变化：W—G，卖

W—G，由商品到货币，是商品的第一形态变化或卖。马克思把这个过程说成"是商品的惊险的跳跃"。反之，如果商品到货币这一"惊险的跳跃"不成功，"摔坏的不是商品，但一定是商品的所有者"。因为要完成这个形态变化，需要种种条件，遇到种种商品生产者无法避开的困难。

3. 商品的第二形态变化，或最终的形态变化：G—W，买

由货币到商品，即G—W，是商品的第二形态变化，或最终的形态变化：买。第二形态变化的第一个特点是把价格倒过来读，即G的所有者想的是自己的货币能买到多少W，问商品价格时，不问这个商品值多少货币，而问多少货币可以买这个商品。马克思说："货币把一切价格倒过来读，从而把自己反映在一切商品体上，即为货币本身转化为商品而献身的材料上。"

第二形态变化的第二个特点，是使商品形态变化最终完成。货币"一方面，它代表已经卖掉的商品，另一方面，它代表可以买到的商品"。因此，货币只有在转化为商品，才能使商品形态变化最终完成，即实现一种商品向另一种商品，或一种商品向另一些商品的过渡。

4. 商品的总形态变化

第一，商品的总形态变化是卖和买的对立统一。对于一个商品来说，它的形态变化是W—G和G—W。对于一个商品的所有者来说，有要完成的商品形态变化是卖和买。但是，卖和买的每一个过程中，也是对立的统一。卖：W—G，对商品所有者是卖，而对于货币所有者是买。就是说，在W—G中，必然也是G—W。同样，在G—W中，必然也是W—G。商品所有者在商品形态变化中，要充当两种对立的经济角色，在W—G的过程中，作为卖者，在G—W中，作为买者。一个完整的商品形态变化，在其最简单的形式上，包括四个极和三个当事人。例如：在"麻布—货币—圣经"中，对于麻布的所有者而言，要完成商品的第一形态变化和第二形态变化，对于货币的所有者来说，要完成第二形态变化，对于圣经的所有者来说，要完成的是第一形态变化，即把圣经换成货币。因此，这个过程中涉及的当事人有：麻布所有者，货币所有者，圣经所有者。四极是：麻布所有者的卖和买，货币所有者的买，圣经所有者的卖。

第二，各种商品形态变化不可分割地交错在一起，表现为商品流通。从上面分析可以了解到："组成一个商品的循环的两个形态变化，同时是其他两个商品的相反的局部形态变化。"一个商品在开始第一形态变化时，正是另一个商品的第二形态变化。因此，每一个商品的形态变化，都同其他商品形态变化交错在一起，"这全部过程就表现为商品流通"。

第三，商品流通克服直接的产品交换的局限性，又产生了新的局限性。商品流通，即以货币为媒介的商品交换，克服了直接产品交换的局限性。马克思说：在这里，我们看到"商品交换怎样打破了直接的产品交换的个人的和地方的限制，发展了人类劳动的物质变换"。但是，商品流通又产生了新的局限性，就是商品生产者对于其他商品生产者的依赖关系加强了，一个商品生产者能卖，是因为有的商品生产者已经卖；没有别的商品生产者的卖，就没有别人的买，而没有别人的买，就没有自己的卖。因此，商品流通"又有整整一系列不受当事人控制的天然的社会联系发展起来"。

商品资本和它包含的每一单个商品都要经历W—G—W过程，都要完成商品的形态变化。因此，只要资本也是商品并且只是商品，那么包含在这个形式中的危机的一般可能性，即买和卖的分离，也就包含在资本的运动中。此外，鉴于不同商品的形态变化是相互联系的，所以，一种商品转化为货币是因为另一种商品从货币形式再转化为商品。因此，买和卖的分离在这里进一步表现为：一笔资本从商品形式转化为货币形式，相应地另一笔资本就必须从货币形式再转化为商品形式，一笔资本发生第一形态变化，相应地另一笔资本就必须发生第二形态变化，一笔资本离开生产过程，相应地另一笔资本就必须回到生产过程。不同资本的再生产过程和流通过程的这种相互联结和彼此交叉，一方面，由于分工而成为必然，另一方面，又是偶然的，因此，对于危机内容的规定已经扩大了。

二、社会资本再生产中经济危机的可能性

社会总产品是指社会在一定时期（通常为一年）内物质生产部门所生产出来的全部物质资料。撇开对外贸易，并且假设我们要考察的是纯粹的资本主义经济，社会总产品就是社会总商品资本。从价值上看，社会总产品的价值由所消耗的不变资本价值、可变资本价值和剩余价值三个部分组成；从实物上看，社会总产品按其最终用途的不同，可以分为生产资料和消费资料两大类。研究社会资本再生产只能以社会总产品为出发点，以商品资本循环公式作为考察社会资本运动的直接对象。

从社会总产品出发考察社会资本运动，社会资本再生产的

核心问题是社会总产品的实现问题。社会总产品的实现包括价值补偿和实物补偿两个方面。所谓价值补偿，就是指把社会总产品销售出去，以补偿资本家在生产中耗费的不变资本和可变资本，并取得剩余价值。所谓实物补偿，就是指资本家要能够买到在社会生产过程中消耗掉的以及扩大再生产所需要追加的生产资料；资本家和工人要能够买到所需要的消费资料。社会总产品的实现问题是社会资本再生产的核心问题。首先，社会总产品的价值补偿是社会资本再生产顺利进行的前提。其次，社会总产品的实物补偿是社会资本再生产能否顺利进行的关键。最后，社会总产品实现问题，归根到底是保持市场供求平衡问题。

马克思把资本主义社会中互相联系、互相依赖的所有单个资本的总和定义为社会资本，并把一定时期内劳动者所创造的全部物质资料的总和称为社会总产品。马克思从实物形式和价值形式两个方面来分析社会总产品的构成，并提出了考察社会资本再生产的两大理论前提。第一，社会总产品的产品价值分解为不变资本（c）、可变资本（v）和剩余价值（m）三个部分，社会总产品的价值为W=c+v+m；第二，社会总产品，从实物形式上看，社会总产品按其最终用途不同，分为生产资料和消费资料两大类。同社会总产品的实物构成相适应，整个社会生产部门也可以分为两大类：所有生产生产资料的部门归为一类，叫作生产资料生产部类，简称第 I 部类，用"I"表示；所有生产消费资料的生产部门归为一类，叫作消费资料生产部类，简称第 II 部类，用"II"表示。马克思社会资本再生产理论就是论证两大部类的社会产品的实现问题，即社会总产品的各个部分的价值补偿和实物补偿问题。所谓价值补偿是社会总产品的价值如何从商品形态转化为货币，所谓实物补偿是指社会总产品的价值在实现货币形式后又如何转化为所需要的商品。只有社会总产品既在价值上得到补偿又在实物上得到补偿，社会资本的再生产才能顺利进行，因此社会资本再生产的核心问题是社会总产品的实现问题。

（一）社会资本的简单再生产

资本主义再生产的特征并不是简单再生产，而是扩大再生产。但是，考察社会总资本再生产问题，应当从分析简单再生产开始。这是因为：①简单再生产是扩大再生产的基础，是它的重要组成部分和一个现实的因素。扩大再生产只有在原有的生产规模能够保持的基础上才能进行，而且简单再生产所生产的剩余价值，为扩大再生产所需要的资本积累提供了前提条件。②考察社会总资本再生产的实现问题，在理论分析上的主要困难是简单再生产的实现条件。这个困难解决了，再分析扩大再生产的实现问题也就容易了。社会总资本的简单再生产就是生产规模不变的社会总资本再生产。其特点是全部剩余价值都用于资本家的个人消费，不进行资本积累。

1. 社会资本简单再生产的前提条件

为了便于分析社会资本再生产过程，揭示实现社会资本再生产运动的规律性，需要排除一些非本质的次要因素，因此需要预先提出几点必要的假设：①假设考察的是纯粹的资本主义经济，整个社会只有资本家和工人两个阶级；②生产周期为一年，全部不变资本价值在一年内全部转移到新产品中去；③全部商品都按价值出售，不考虑商品价格与价值不一致的问题；④假设没有对外贸易，全部社会产品都在一国范围内得到补偿和实现。

2. 社会资本简单再生产的实现条件

从上述社会资本简单再生产条件下社会总产品的实现过程可以得出社会资本简单再生产条件下社会总产品的基本实现条件：第Ⅰ部类的可变资本和剩余价值之和，必须等于第Ⅱ部类的不变资本。这是基本的实现条件。在社会资本简单再生产的条件下，社会生产两大部类之间存在着密切的联系，即第 I 部类向第 II 部类提供的生产资料，必须与第 II 部类对生产资料的需求相平衡；第 II 部类向第 I 部类提供的消费资料，必须与第 I 部类对消费资料的需求相平衡。这里，如果 I（v+m）> II c，则第 I 部类所生产的生产资料就会有一部分不能实现，从而资本家和工人对消费资料的需求也就得不到满足。反之，如果第 I 部类的 v+m 小于第 II 部类的 c，则第 II 部类的生产消费也就无法得到实现，从而造成社会再生产实现的困难。用公式表示是： I（v+m）< II c

简单再生产的第一个实现条件主要说明：要实现简单再生产，第 I 部类新创造的价值产品必须全部用于补偿第 II 部类消耗掉的生产资料；第 II 部类产品中相当于不变资本的部分必须能够维持第 I 部类工人和资本家原有的生活需要。

这个平衡公式反映了简单再生产中第 I 部类生产资料的生产和第 II 部类对生产资料的消费之间，以及第 II 部类消费资料的生产和第 I 部类对消费资料的消费之间，必须保持一定的比例关系。如果 I（v+m）> II c，那么第 I 部类就会发生生产资料过剩，从而影响再生产，同时，这个部类的工人和资本家对消费资料的需求也不能得到充分的满足；如果 I（v+m）< II c，

那么第Ⅱ部类就不能全部补偿已经消耗掉的生产资料，从而不能维持简单再生产，同时，它所生产的消费资料也不能全部得到实现。

所以，Ⅰ（v+m）=Ⅱc，是社会资本简单再生产顺利进行的基本条件，是社会总资本简单再生产实现的基本条件。

从Ⅰ（v+m）=Ⅱc这个基本实现条件中可以引申出另外两个实现条件：

$$Ⅰ（c+v+m）=Ⅰc+Ⅱc$$

它反映第Ⅰ部类生产资料生产与两大部类对生产资料需求之间的内在联系。这一平衡式着重说明：在简单再生产条件下，第Ⅰ部类生产的全部产品价值，应该等于两大部类的不变资本价值的总和；第Ⅰ部类生产的生产资料必须全部用来补偿两大部类消耗掉的生产资料。

$$Ⅱ（c+v+m）=Ⅰ（v+m）+Ⅱ（v+m）$$

这个等式是在基本实现条件的等式两边同时加上Ⅱ（v+m）而得到的。它反映第Ⅱ部类消费资料生产与两大部类的工人和资本家对消费资料需求的内在联系。这一实现条件着重说明，在简单再生产的条件下，第Ⅱ部类消费资料的生产（供给）同两大部类工人和资本家对消费资料消费（需求）之间的关系。第Ⅱ部类生产的全部产品价值，应该等于两大部类的可变资本和剩余价值的总和；第Ⅱ部类生产的全部消费资料必须和两大部类的工人和资本家对个人消费品的需要相等。为什么Ⅱ（c+v+m）必须等于Ⅰ（v+m）+Ⅱ（v+m）呢？这是因为在简单再生产的前提下，当年新创造的全部价值，即两个部类的可变资本和剩余价值，都要购买消费资料，完全用于个人消费。如果Ⅱ（c+v+m）＞Ⅰ（v+m）+Ⅱ（v+m），第Ⅱ部类生产的消费资料就会有一部分卖不掉；如果Ⅱ（c+v+m）＜Ⅰ（v+m）+Ⅱ（v+m），那就表明第Ⅱ部类生产的消费资料不足以维持工人和资本家原有的生活状况，从而使简单再生产无法进行。因此，Ⅱ（c+v+m）＝Ⅰ（v+m）+Ⅱ（v+m）是社会资本简单再生产实现的又一个必要条件。

上述三个公式，体现了社会资本简单再生产过程中，两大部类之间以及两大部类内部都应遵循的基本比例关系。在简单再生产条件下，两大部类之间的比例关系同每个部类内部各生产部门之间的比例关系是互为条件，密切联系，共同构成社会总产品得以实现的条件。两大部类各自都包括着若干生产部门，两大部类之间的关系，实际上就是两大部类所属的各个生产部门的关系。只有两大部类之间、每个部类内部各生产部门之间都保持一定比例关系，社会再生产才能正常进行。任何一个部类的某些生产部门生产过多或过少，都不仅会影响到本部类内部其他生产部门的生产，而且还会影响到整个社会的生产。

（二）社会资本的扩大再生产

1. 社会资本扩大再生产的前提条件

马克思是以外延扩大再生产为对象考察社会资本的扩大再生产的。为了实现外延扩大再生产，资本家必须把剩余价值的一部分积累起来，作为追加资本投入生产。然而，要使生产规模扩大，仅有货币积累是不够的，还要有相应的物质条件，即社会要能够提供可供追加的生产资料和劳动力。从第 I 部类来看，如果第 I 部类的 I（v+m）= II（c），则第 I 部类提供的生产资料只能维持简单再生产的需要。如果 I（v+m）< II（c），则连简单再生产都无法维持。由此，我们便得到了扩大再生产的两个前提条件：

第一，必须有可供追加的生产资料，也就是说第 I 部类生产的生产资料，除补偿两大部类在生产过程中消耗的生产资料外，还必须有一个余额，为两大部类扩大再生产提供追加的生产资料。用公式表示：

I（c+v+m）＞Ic+IIc或I（v+m）＞IIc

第二，必须有可供追加的消费资料，也就是说，第II部类生产的全部产品，除了满足两大部类原有工人和资本家所需要的消费资料以外，还必须有一个余额，以满足两大部类扩大再生产对追加消费资料的需要。用公式表示：

II（c+v+m）＞I（v+m/x）+II（v+m/x）或II（c+m－m/x）＞I（v+m/x）

在这里，代表剩余价值中资本家用于个人消费的部分。

2. 社会资本扩大再生产的实现条件

从以上的分析可以看出，扩大再生产的条件下社会总产品的基本实现条件是：第I部类原有的可变资本和追加可变资本，以及本部类资本家用于个人消费的剩余价值，这三者之和必须等于第II部类原有不变资本和追加不变资本总和。只有具备了这个条件，社会总产品的各个部分才能够全部实现，扩大再生产才能顺利进行。社会资本扩大再生产的基本实现条件，可用公式表示如下：

I（v+△v+）=II（c+△c）

等式左边是第I部类在价值上对消费资料的需求。在使用价值上向第II部类提供生产资料，等式右边是第II部类在价值上对生产资料的需求，在使用价值上向第 I 部类提供消费资料。通过交换，双方的产品都得到实现，在价值和实物上都得到补偿。第 I 部类原有的可变资本价值，加上追加的 v 价值，再加上本部类资本家用于个人消费的剩余价值，三者之和必须等于第 II 部类原有的不变资本价值和追加的不变资本价值之和。它一方面表明，第 I 部类提供给第 II 部类的生产资料同第 II 部类对生产资料的需求之间，第 II 部类提供给第 I 部类的消费资料同第 I 部类对消费资料的需求之间，客观上要保持平衡；另一方面，也表明了在扩大再生产过程中，两大部类的积累存在着互为条件、相互制约的辩证关系。即第 I 部类生产为第 II 部类生产提供可供追加的生产资料，规定着第 II 部类的积累规模和积累率；反之，第 II 部类的积累也制约着第 I 部类。只有两大部类按比例发展，才能顺利实现社会的扩大再生产。

从扩大再生产情况下社会总产品基本实现条件可以引申出两个实现条件：

（1） $I (c+v+m) = I (c+\triangle c) + II (c+\triangle c)$

这个公式体现了在扩大再生产条件下，生产资料生产同生产消费之间的内在联系，即第 I 部类提供的生产资料要正好等于两大部类扩大再生产对生产资料的总需求。

（2）Ⅱ（c+v+m）= Ⅰ（v+△v+m/x）+ Ⅱ（v+△v+m/x）

这个公式表示第Ⅱ部类生产的全部产品的价值必须等于两大部类原有的可变资本价值，加上两大部类追加的可变资本价值以及两大部类资本家用于个人消费的剩余价值总和。这一公式反映了在扩大再生产条件下，消费资料生产同个人消费之间的内在联系。社会资本再生产理论的基本内容，如图六所示：

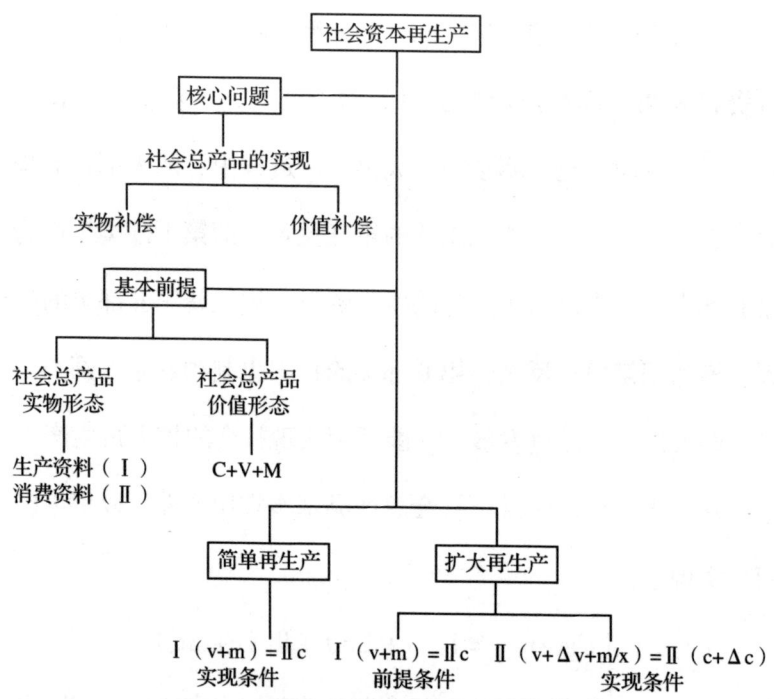

图六：社会资本再生产理论的基本内容

3. 社会资本再生产中比例失衡导致的经济危机

社会资本扩大再生产的实现条件，反映了社会生产的两大部类之间及其内部，都必须保持一定的比例关系，社会资本再生产才能顺利进行。社会总产品的实现，它的价值补偿和实物补偿是通过社会生产两大部类之间以及各部类内部相互交换实现的。要使两大部类的全部产品都能够顺利实现，就要求第Ⅰ部类生产的生产资料恰好能够满足自己和第Ⅱ部类对生产资料的需求之和；第Ⅱ部类所生产的消费资料也恰好能够满足自己和第Ⅰ部类对消费资料的需求之和。这就是说，要使社会生产能够顺利进行，社会生产的两大部类之间及其内部必须保持适当的比例关系。因此马克思的资本主义简单再生产理论并在此基础上发展的资本主义扩大再生产理论，都是在论证两大部类之间究竟要保持一个什么样的比例关系，并指出只有在保持这样的比例关系的情况下，资本主义再生产才能顺利进行。然而由于资本主义生产的社会化和生产资料的私人占有之间的矛盾，资本主义社会不可能自觉地按照社会的客观需要来按比例分配生产要素，因而社会生产和社会需求之间总是存在着矛盾。两大部类之间的关系属于全局性均衡关系，由它们之间的失衡而引起的经济危机往往是普遍性危机。部类内部的均衡关系相对于部类之间的关系而言，属于局部性均衡关系。它的失衡往往引起的是局部性经济危机，或结构性经济危机。资本主义生产和资本主义需求之间的矛盾发展到一定程度就会爆发经济危机，资本主义生产通过经济危机强制地暂时解决这种矛盾。

4. 社会资本再生产中货币支付导致的经济危机

社会总产品的实现是通过商品流通形式来实现的，而对商品流通来说，有两样东西始终是必需的，即投入流通的商品和投入流通的货币。在社会总资本的实现过程中，不仅商品是资本家投入的，而且货币也是资本家投入的。在社会总产品的实现过程中，包含着无数单个资本家之间的交换，而且这些交换是在这样一种都已成功和均衡关系中进行的。为商品交换起媒介作用而投下的货币，在商品流通正常的情况下，会按照它们各自的预付量，回流到预付者手中，即货币的预付与回流之间存在着数量上的均衡关系。这种均衡关系，被称作货币充当流通媒介的一般规律。由此还可推导出："如果站在商品生产者背后的是一个货币资本家，这个货币资本家又把货币资本预付给产业资本家，那么，这种货币的真正复归点就是这个货币资本家的钱袋。这样，虽然货币在流通中或多或少地要经过各种人之手，但大量的流通货币却属于以银行等形式组织和积聚的货币资本部门。这个部门预付资本的方法，规定资本要不断以货币形式最后流回到它那里，虽然这种回流还要以产业资本再转化为货币资本作为媒介。"这是商品经济条件下，社会再生产和流通对货币需求和供给最基本的均衡关系，由这个关系的失衡而引起的危机往往是支付危机。

5. 社会资本再生产的固有矛盾导致的经济危机

社会资本再生产的固有矛盾，也可能导致生产与消费需求的失衡。由于资本主义的逐利性，社会资本再生产存在社会生产和社会消费之间的固有矛盾，为了追求更多的剩余价值，资本主义生产有无限扩大的趋势，但是社会总产品的实现却要靠消费来实现，且最终是以个人消费为转移的。可是在资本主义制度下，劳动群众的消费却存在日益缩小的趋势，这就不可避免形成社会生产和社会消费之间的对抗性矛盾。且社会资本再生产要想顺利进行，必须达到两大部类内部和两部类之间的平衡，但是正如马克思指出，平衡本身就是一种偶然现象。追求剩余价值的目的使资本积累不断扩大，生产能力不断扩张，打破了社会再生产的平衡，从而为经济的周期波动提供了实现条件。

可见，马克思通过对社会资本再生产的分析，意识到在资本主义基本矛盾存在的情况下，资本主义生产不可能自发地按照特定的比例关系来进行，而资本主义生产的无政府状态最终必将激化社会生产和社会需求的矛盾，并最终导致资本主义经济危机的爆发。

第三节　经济危机产生的原因

马克思对于经济危机的研究从来不是只停留在对其表面现象的分析上，而是要透过这些现象去追溯资本主义经济危机爆发的根本原因。马克思认为经济危机的根源在于资本主义制度本身，经济危机是资本主义社会基本矛盾激化的必然结果，也就是恩格斯《反杜林论》中更为具体提出的，生产的社会化和生产资料的资本主义占有形式之间的矛盾。

第一，生产社会化与生产资料私人占有之间的矛盾是引发经济危机的根本原因。

资本主义生产是社会化大生产，虽然生产社会化了，但是生产资料和产品却属于少数占有大量生产资料的资本家，生产服从于资本家追求剩余价值的狭隘目的，这就形成了社会化大生产与资本主义私人占有形式的对抗性矛盾，这是生产力与生产关系之间的矛盾在资本主义条件下的具体表现。如果生产的商品不能顺利卖出去，资本家就不能获取剩余价值，再生产活动就会受阻。于是发生了生产的社会化和生产资料资本主义占有形式之间的矛盾，这一矛盾成为资本主义经济危机的根源。根据马克思的论述，在资本主义制度下，资本主义生产的发展有"三个主要事实"：一是"生产资料集中在少数人手中"，并"转化为社会的生产能力"；二是"劳动本身由于协作、分工以及劳动和自然科学的结合而组织成为社会的劳动"；三是"世界市场的形成"。正是"三个主要事实的发生"使资本主义制度基本矛盾发展并不断激化，导致了经济危机的发生。在马克思看来只要资本主义制度存在，这一矛盾的激化就不可避免地催生出经济危机的发生，正如他在《资本论》第三卷中所指出的那样，"当一方面分配关系，因而与之相适应的生产关系的一定的历史形式，和另一方面生产力，生产能力及其要素的发展，这二者之间的矛盾和对立扩大和加深时，就表明这样的危急时刻已经到来。这时，在生产的物质发展和它的社会形式之间就会发生冲突"。马克思认为经济危机是资本主义所特有的、无法避免的经济现象，在经济运行过程中资本主义的基本矛盾又是通过以下两个方面进一步表现出来的。

一、资本主义的基本矛盾首先表现为个别生产的有组织性和整个社会生产无政府状态之间的矛盾

资本主义生产是社会化大生产，在社会化大生产的条件下，生产资料的资本主义私有制决定了每个资本家都是自己企业意志的主宰者。企业生产什么、生产多少以及怎样生产，都是资本家以利润为衡量标准进行的自主选择。生产的社会化使得各个部门和各个企业之间的相互联系相互依赖增强。为了获取更多的利润，并且要在剧烈的竞争中取胜，必然要求不断地加强和改进企业的经营管理，以提高企业的生产效率。从单个企业来看，随着资本主义科学技术的进步及其在管理上的应用，资本家在自己企业内部进行严密的、有组织的生产，实行科学的管理方法，完善的激励制度，科学的分工协作，在资本主义制度下企业内部表现出较高的计划性和组织性。但从整个社会生产来看，由于生产资料私有制占统治地位，政府不负责指挥经济按比例来运行，仅仅扮演了私有财产守夜人的角色，整个社会生产处于无政府状态。在这种情况下，由于生产资料归私人所有，市场上商品信息的不畅通性，使资本家对市场中

商品的供给量与需求量不甚了解，因而不同的资本家只会依据利润的驱使、自己对市场需求量和价格信号自发地组织生产。每个企业生产出来的商品，整个社会是否需要，企业是否能卖出去都无从知道。企业的生产是在剩余价值规律的指导下盲目生产的，而竞争的盲目性使资本家往往不顾实际情况不断地扩大生产能力，造成各个相互联系的生产部门与企业被迫分割开来，完全处于竞争和无政府状态中。最终个别企业内部生产的有组织性和整个社会生产的无政府状态之间的矛盾不断尖锐。当这一矛盾发展到一定程度时，这种盲目生产必然导致整个社会生产的比例失调，就会使社会再生产的比例关系遭到破坏而出现严重失调，并导致经济危机。

二、资本主义的基本矛盾还表现为生产的无限扩大与劳动人民有支付能力的需求不断缩小的矛盾

在资本主义制度下，企业在追求剩余价值的内在动力和市场激烈竞争的外在压力下，不断进行扩大生产，同时，科学技术的进步及其在工艺过程中的迅速应用，又为资本主义生产的无限扩大提供了物质基础，所以资本主义生产有无限扩大的

趋势。但由于对剩余价值的贪婪会使资本家采用更多的方式加强对劳动人民的剥削，劳动者只能获得劳动力的报酬也就是工资，而不能参与社会剩余产品的分配，社会剩余产品全部被资本的所有者占有了，劳动者只能靠出卖自己的劳动力来维持生活。因此，劳动者的消费能力与整个社会扩大生产之间的差距越来越大，从而使劳动人民有支付能力的需求相对于生产无限的扩大而言，呈现出相对狭小的趋势，这就不可避免地促使生产与消费之间出现严重的脱节与对立，当这一对抗性矛盾发展到一定程度时，就会使社会生产的实现条件遭到严重破坏，导致经济危机的爆发。资本主义的经济危机是资本主义内在矛盾的定期爆发，是资本主义的生产和消费之间对抗性矛盾的表现。恩格斯说："在危机中，社会化生产和资本主义占有之间的矛盾达到剧烈爆发的地步。经济的冲突达到了顶点，生产方式起来反对交换方式，生产力起来反对已经被它超过的生产方式。"经济危机是资本主义基本矛盾的产物，但是经济危机在强制解决资本主义现有矛盾的同时又反过来进一步加深了资本主义的基本矛盾。

第二，经济宏观发展与微观运行之间的矛盾是引发经济危机的社会前提。

在马克思主义经典作家看来，资本主义生产方式建立在社会化大生产基础之上，需要政府进行宏观调控。但是生产资料的资本主义私有制和资本主义市场经济竞争的盲目性决定了微观经济行为选择的自主性与分散化，导致国家宏观调控与市场微观运行的冲突与矛盾。正如马克思所指出的那样："资本既是合乎比例的生产的不断确立，又是这种生产的不断扬弃。但是，要求生产同时一起按照同一比例扩大，这就是向资本提出了绝不是由资本本身产生的外部的要求；同时，一个生产部门超出现有的比例，就会使所有生产部门超出这种比例，而且超过的比例又各不相同。"当社会生产所要求这种比例或遭到破坏时，宏观与微观的矛盾进一步激化，经济危机便会不可避免地爆发。

第三，生产与消费的矛盾是引发经济危机的基本动因。

在马克思的经济理论体系中，资本积累被看作是资本主义经济增长的原始动力，资本家唯一的目标是把剩余价值不断地转化为新的追加资本，导致资本积累呈现出脱离社会需要而无限扩张的态势。正如马克思所指出的："资本主义生产的真正限制是资本本身，这就是说，资本及其自行增殖，表现为生产的起点与终点，表现为生产的动机与目的。"另一方面以广大雇佣工人为主体的社会需求和消费却相对萎缩，因为"每一个资本家都知道，他同他的工人的关系不是生产者同消费者的关系，并且希望尽可能地限制工人的消费，即限制工人的交换能力，限制工人的工资"，以最大限度地推动资本价值增殖。这种现象使生产扩大和工人消费水平降低并存，资本主义社会生产与消费的关系发生异化与扭曲，一旦生产普遍超过了工人的有限消费和需求，经济危机就有了爆发的可能。

第四，信用制度的发展和商业过度投机是促成经济危机的重要推动力。

根据马克思的分析，如果只有资本积累的内在驱动力还不足以引发持续的生产过剩。马克思指出："危机最初不是在和直接消费有关的零售商业中暴露和爆发的，而是在批发商业和向它提供社会货币资本的银行中暴露和爆发的。"根据马克思的分析，生产规模的扩大引起信用规模的扩大，而信用的膨胀又反过来促进生产规模的膨胀。在这种相互作用下，二者的规模同时扩大。随着信用体系的不断完善，股票、债券等虚拟资本以及各种投机活动的大量兴起，进一步要求扩大信贷规模，制造出虚假的市场繁荣。但是，手中堆积着大量商品的批发商的资本回流速度却非常缓慢，"以致银行催收贷款，或者为购买商品而开出的汇票在商品再卖出去以前已经到期，危机就会发生，于是崩溃就爆发了，它一下子就结束了虚假的繁荣"。

第四节　经济危机的本质

资本主义经济危机从本质上说是社会中一定时期内生产的相对过剩。这里的相对过剩主要是指生产相对于有货币支付能力需求的过剩和生产相对于一定市场规模的过剩。马克思曾在《共产党宣言》中指出："在危机期间，发生一种在过去一切年代看来都好像是荒唐的社会瘟疫，即生产过剩的瘟疫。生产过剩不是财富生产得太多了，而是资本主义的、对抗性的形式上的财富，周期地生产得太多了。"

生产的相对过剩既是资本主义经济危机的最根本特征又是资本主义社会所特有的经济状况。资本主义社会化大生产创造了惊人的商品以及财富，资本主义在进入机器大生产时代后生产效率大幅提高，既包括生产商品绝对量的剧增也包括整个社会生产规模的不断扩大。资本不断地追求增殖、不断扩大生产，使得资本主义生产无限扩大了，与此同时作为社会主体的广大劳动人民虽不断地在工厂生产中贡献着精力，但他们的劳动所得却与付出不成正比，有限的消费能力导致他们无法买到更多更好的商品。一方面工厂生产的商品堆积如山，另一方面收入有限的工人却因为拮据而无法购买商品，这种生产与消费之间的矛盾会随着资本主义生产的扩大而加剧，当整个社会的有效购买能力低于供给时就产生了危机的可能。生产的相对过剩正如马克思指出的那样，"大批资本家投身于工业，生产很快超过消费。结果，生产出来的商品卖不出去，所谓的商业危机就来到了，工厂只好关门、厂主破产、工人挨饿，到处出现了可怕的贫困现象"。

资本主义经济危机是生产相对过剩的危机，生产的相对过剩是由于资本主义社会存在生产无限膨胀而消费日益缩小的矛盾，当这一矛盾不断积累最终就会导致经济危机。资本主义生产往往是在利益的驱使下进行的，生产的目的不是为了满足社会消费而是不断地追求利润，当这种生产超过社会提供的有效购买力后就会引发危机，这主要包括两方面内容。

一方面，生产资料归资本家私人占有，生产的目的是为了资本家对利润的追求而不是社会大众的需要。资本主义生产的极限不取决于社会的有效需求而取决于利润的实现空间。资本家为了追逐利润，会不停地增加积累和扩大生产能力。为了获得竞争的优势以便榨取更多利润，资本家们不断地改进技术，加强管理，把自己的生产能力提高到最大。所以，在这种情形下资本主义社会便会存在无视社会实际需求而无限扩张的状况。而由于资本主义雇佣劳动的核心没有改变，劳动者和生产资料之间的对立就加剧了。资本主义社会化大生产过程中，资本的有机构成不断提高，工人的工作被机器替代，许多工人失业，失去经济来源，劳动工人变得更加贫困，购买力进一步降低。资本主义生产的无限扩张与社会的有效购买力相对缩减的矛盾更加深刻。马克思重点指出："一切真正的危机的最根本的原因，总不外乎群众的贫困和他们的有限的消费，资本主义生产却不顾这种情况，力求发展生产力，好像只有社会的绝对的消费能力才是生产力发展的界限。"

另一方面，资本主义社会生产无限扩大但市场却在相对缩小，二者的矛盾不断累积最终导致经济危机。"资本主义生产竭力追求的只是攫取尽可能多的剩余劳动，……因此，在资本主义生产的本质中就包含着不顾市场的限制而生产。"生产的无限扩大需要足够大的市场来适应，但事实上，市场的扩张远没有生产扩张得快。生产活动与市场交易是相互独立的过程，生产在资本主义社会变得无限膨胀远远快于市场的发展，二者之间应当相互适应才能发展下去。但市场会相对于生产而不断变小，最终成为阻碍生产发展的力量，最终就会引发经济危机。资本主义社会化大生产不断发展，而生产资料的资本主义私人占有会阻碍其发展，当这一矛盾累积到极限就会导致经济危机，这就是资本主义经济危机的根源。生产相对过剩经济危机的传导机制，如图七所示：

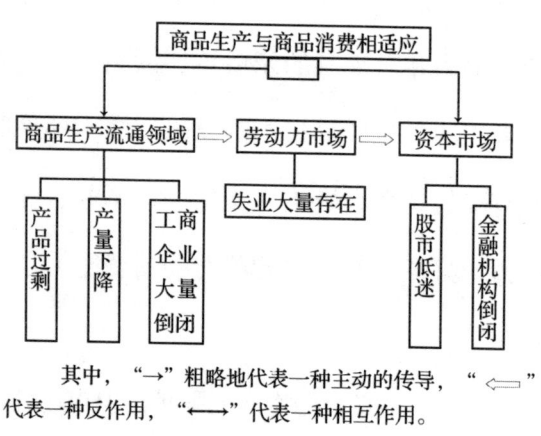

其中，"→"粗略地代表一种主动的传导，"⇐⇒"代表一种反作用，"↔"代表一种相互作用。

图七：生产相对过剩经济危机的传导机制示意图

总之，资本主义社会化大生产虽然提高了效率但也蕴藏了生产过剩的危机，当这种相对生产过剩超过了社会的有支付能力的购买力后就会引发危机。

第五节　经济危机的周期性及其物质基础

资本主义经济危机具有周期性，这种周期性使得资本主义再生产也呈现周期性的特点。典型的资本主义再生产周期一般包括危机、萧条、复苏、高涨四个阶段。在萧条期，社会生产停滞，同时为复苏作准备。在复苏期，资本主义的各种矛盾进一步缓和，社会生产逐渐恢复，经济恢复增长。随着经济的不断增长，生产进入高涨期。在高涨期，资本主义经济的各种矛盾又不断发展和激化，当达到一定程度，经济危机就会又爆发了。固定资本更新是资本主义再生产周期性的物质基础。随着固定资本的大规模更新，社会生产能力不断增加，会引起生产高涨，从而为生产过剩危机的再次爆发奠定物质基础。

一、经济危机的周期性

资本主义经济危机往往是在资本主义发展到一定阶段以后才会发生，并且是隔一段时期发生一次。从一次经济危机的发生到下一次经济危机发生之间间隔可称之为经济周期。

在资本主义存在的整个历史时期内，资本主义的基本矛盾以及由它所引起的一系列对抗和冲突是经常存在的。但是，这并不意味着资本主义经济一直陷于危机之中。资本主义的经济危机是每隔一定时期重演一次的，它是一种周期性出现的现象。

经济危机是资本主义经济的特有产物。从19世纪以来，经济危机几乎是欧美国家的家常便饭。远在18世纪末和19世纪初，英国就发生过个别工业部门的局部生产过剩的经济危机。通常认为，从1825年英国发生世界上第一场经济危机开始，这种危机就经常造访西方国家，大约每十年发生一次。1836年，英国又发生了经济危机，这次危机后来还波及美国。1847—1848年的经济危机席卷了英国、美国和欧洲大陆的许多国家，实际上已具有世界经济危机的性质。接着，在1857年、1866年、1873年、1882年和1890年都爆发了世界性的经济危机。在19世纪的经济危机中，以1873年的危机最为深刻，它大大加速了资本和生产的集中，促进了垄断组织的形成和发展。从此以后，资本主义就开始了向垄断阶段过渡。进入第二次工业革命以后，危机更为频繁，直到走向世界大战。两次世界大战均与经济危机有关，或者说都是资本主义经济危机的直接产物。在20世纪初，发生了1900—1903年和1907年的经济危机。以后，资本主义世界又经历了1920—1921年、1929—1933年和1937—1938年三次经济危机。其中，1929—1933年的经济危机是以往资本主义各次危机中最深刻、最严重的一次。它不仅包括了资本主义世界的一切国家，而且在各主要资本主义国家中，工业危机和农业危机又互相交织在一起，因而具有特别严重的性质。这次危机持续了四年之久，使整个资本主义世界的工业产量下降了44%，贸易总额下降了66%。在1933年，整个资本主义世界完全失业的人数高达3000万人。

第二次世界大战以后，在资本主义总危机进一步加深的条件下，美国在1948年、1953年、1957年、1960年、1969年、1973年和1980年先后爆发了七次经济危机。其中，1957—1958年的危机曾经波及加拿大、日本和西欧主要资本主义国家，成为战后第一次世界性的经济危机。1974—1975年的危机也是一次世界性的经济危机，并且是战后资本主义世界最严重的一次经济危机。二战后主要资本主义国家经济危机发生次数见表三。

表三：二战后主要资本主义国家经济危机发生次数

经济危机	美国7次	日本7次	德国7次	英国7次
第一次	1948—1949	1954	1952	1951—1952
第二次	1953—1954	1957—1958	1958	1957—1958
第三次	1957—1958	1962	1961	1961—1962
第四次	1960—1961	1965	1966—1967	1966
第五次	1969—1970	1970—1971	1971	1971—1972
第六次	1973—1975	1973—1975	1974—1975	1973—1975
第七次	1980—1982	1981	1980—1982	1979—1982

在众多的危机中，美国人特别把1837、1872、1893、1907和1929年这五次经济危机称为"大萧条"。

为什么资本主义经济危机会是一种周期出现的现象呢？

经济危机是由资本主义所固有的矛盾决定的。因此，经济危机的周期爆发，也只能从资本主义矛盾的运动中来寻找原因。在完整的经济周期内，工商业繁荣、生产过剩、危机、恐慌、经常的萧条、逐渐复苏不断周期性重复出现。其中，危机是经济周期中的关键环节和决定性阶段，它既是上一个经济周期的终点，又是下一个新的周期的起点。常常是在经济最繁荣的时刻爆发。此时资本主义基本矛盾发展到尖锐化的程度，造成社会再生产比例的严重失调，最后导致整个社会经济处于混

140

乱状态之中。在危机爆发后，大量企业破产，生产下降，社会生产力遭到巨大破坏，使社会生产与有支付能力的需求之间得到暂时平衡，资本主义各种矛盾暂时得到缓和，其生产会重新恢复和发展。但复苏并不是长期好转的先兆，而是新的生产过剩和新的危机的先兆。繁荣之后是危机，危机之后是繁荣，然后又是新的危机。由于危机不过是资本主义再生产过程中各种矛盾暂时的、强制的解决，而不是这些矛盾的消失，所以随着危机过后资本主义经济的恢复和发展，资本主义所固有的各种矛盾还会重新发展和激化，再生产过程中比例失调的现象还会重新严重起来，这样就导致另一次危机的爆发。资本主义经济不断地在繁荣与危机的更替中向前发展。

由于上述原因，经济危机就成了一种周期出现的现象。恩格斯指出，市场的扩张赶不上生产的扩张。冲突成为不可避免的了，而且，它们在把资本主义生产方式本身炸毁以前不能使矛盾得到解决，所以它就成为周期性的了。资本主义生产产生了新的"恶性循环"。由于经济危机的周期爆发，资本主义的再生产就具有了周期的性质。从一次危机开始到下一次危机开始，中间的时间便是一个再生产周期。每一个周期一般包括危机、萧条、复苏和高涨四个阶段。其中，危机是周期的决定性阶段，它是上一个周期的终点，同时又是下一个周期的起点。

二、经济周期各阶段的特征

马克思从研究政治经济学之初，便意识到资本主义经济危机是周期性发生的，从上一次危机发生到下一次危机到来所经历的时期或阶段就是资本主义经济危机的周期。马克思在不少著作中描述了周期的各阶段的循环交替的顺序。在《工资、价格和利润》（1865年）中，马克思说："资本主义的生产要经过一定的周期性循环。它要经过消沉、逐渐活跃、繁荣、生产过剩、危机和停滞等阶段。"在《资本论》第三卷中，他写道："如果我们考察一下现代工业在其中运动的周转周期——沉寂状态、逐渐活跃、繁荣、生产过剩、崩溃、停滞、沉寂状态，等等。"资本主义经济危机是一种周期性现象。危机过后，经过一段时期，由资本主义基本矛盾决定的各种矛盾又会重新激化起来，导致新的经济危机的爆发。资本主义生产就是处在这种周期性的恶性循环之中。

在资本主义不断爆发的经济危机的过程中，从上一次危机开始到下一次危机开始的这段时间，叫作一个周期。尽管在不同的资本主义国家或一个资本主义国家的不同时期，危机的周期各有特点，但是，一般说，它包括危机、萧条、复苏和高涨四个阶段。

（一）危机阶段

危机既是上个周期的终点，又是下一个周期的起点。危机通常是在资本主义经济最繁荣，也就是资本主义矛盾最尖锐的时候爆发的。在危机阶段，整个资本主义经济处于瘫痪和混乱状态之中，大量商品找不到销路，存货堆满仓库，资本周转困难，利润率急剧下降，这就迫使资本家缩小生产规模，解雇大批工人，缩短开工时间，使成千上万的工人陷于失业和半失业的状态。大批工人失业又为资本家提供了进一步压低在业工人工资的条件。这样，工人的工资水平和工资总额在危机阶段便急剧下降。与此同时，由商品销售困难所引起的市场竞争的空前加剧，又使竞争力量比较薄弱的广大小生产者纷纷破产。这一切都使得资本主义社会的基本消费群众，即广大劳动人民的购买力急剧降低。社会购买力的急剧降低，引起了商品价格的猛烈下跌。许多工商企业特别是中小企业，由于经受不住危机的沉重打击而纷纷破产。在危机阶段，许多工商企业由于商品销售困难而不能按期偿还债务，又会引起整个资本主义支付关系的紧张，引起货币信用的危机。这时，资本家都不愿再以赊销方式出卖商品，而只要求以现金进行支付。由于对现金的需求急剧增加，而金融市场上借贷资本的供给又远远不能满足这种需求，因而就使得利息率急剧提高。利息率的提高，企业股息的降低，再加上资本家大量抛售股票、公债等有价证券，结果使有价证券的行市猛烈下跌。资本家为了追求现金，普遍向银行大量提取存款，这就使许多银行特别是中小银行因现金准备不能满足偿还债务的要求而不得不宣告破产。危机所造成的经济动荡局面，还会引起对外贸易收入的减少和其他国外收入的减少，从而形成国际收支方面的巨额逆差，使黄金外流，储备减少。危机发生以后，资本家为了阻止价格继续下跌，不惜采取破坏生产力的手段，毁坏一部分商品和机器设备，人为地强制把商品供过于求的情况改变过来。危机持续一段时期以后，市场上的商品数量由于资本家关闭企业、缩减生产和销毁存货而减少了，商品供应超过有支付能力需求的情况便逐渐发生了变化。于是，资本主义经济就从危机阶段转入萧条阶段。

（二）萧条阶段

萧条阶段是周期中的停滞阶段，它的特征是社会生产不再继续下降，企业倒闭现象暂时停止，失业人数不再增加，商品价格停止下跌，商业萎缩，游资充斥。但是，社会购买力仍然很低，商品销售仍有困难，大量工人依然失业，社会生产处于停滞状态。这个阶段，资本家为了摆脱这种困境，竭力降低成本，以便在剧烈的竞争中站稳脚跟和在物价低落的情况下获得超额利润。为了降低成本，他们一方面加强对工人的剥削，另一方面改进生产技术，更新固定资本。由于社会消费并没有停止，资本家以低廉的价格把商品慢慢地销售出去，因此，存货逐渐减少，生产恢复的因素在逐步增加。由于新的投资的逐渐增加，对生产资料和劳动力的需求也逐渐增加，结果就推动整个社会生产恢复和发展起来，工人就业人数逐渐增加，商业和信用事业也逐渐活跃，促使萧条阶段逐步转入复苏阶段。

（三）复苏阶段

复苏阶段是周期中的经济恢复阶段，它的特征是市场销售扩大，生产逐渐回升。随着存货的减少，商品价格逐步回升，利润逐步增加，在危机中没有破产的资本家，为了在激烈的竞争中取胜，他们一方面加紧对工人的剥削，另一方面设法改进技术，进行大规模投资和固定资本更新。由于市场需要新的机器设备，从而推动了生产资料部门的恢复和发展，并引起对劳动力的需要的增加。这样，生产逐渐扩大，就业人数逐渐增加，社会购买力开始提高，市场容量扩大，物价慢慢回升，企业利润增加，信用事业日益发展，社会生产逐渐恢复到危机前的水平，推动了整个社会生产恢复过来。当整个社会生产恢复或超过危机前的最高点，复苏阶段就过渡到了高涨阶段。

（四）高涨阶段

高涨阶段又叫繁荣阶段，在这个阶段，生产不断扩大，投资大量增加，生产迅速发展，就业工人增加很快，物价上涨，利润增多，工资水平也有提高，市场兴旺，信用关系普遍发展，利息率降低，股票价格上涨，市场商品畅销，企业利润激增，信用投机活跃，整个资本主义经济又呈现一片繁荣景象。但是，在一片繁荣的背后，新的危机因素又逐渐积累起来。随着生产规模的扩大，生产产品的增多，很快又超过了劳动群众的购买力，当生产和消费的矛盾达到极其尖锐时，整个社会生产又重新陷入严重的生产过剩状态。高涨阶段出现的生产过剩，起初是不明显的，由于商业投机造成市场的虚假需求，掩盖着社会购买力的真实情况，信用膨胀造成的虚假繁荣，掩盖着生产与消费的脱节，以致当商品供应已大大超过需求时，资本家还在盲目扩大生产。只要几种主要商品的流通发生梗塞，就会成为导火线，使经济危机突然爆发。整个社会经济生活又重新陷入瘫痪和混乱状态。恩格斯曾经很形象地描绘了这个过程："运动逐渐加快，慢步转成快步，工业快步转成跑步，跑步又转成工业、商业、信用和投机事业的真正障碍赛马中的狂奔，最后，经过几次拼命的跳跃重新陷入崩溃的深渊，如此反复不已。"

上述各个阶段在资本主义经济发展中不断交替和反复出现，就形成了资本主义再生产的周期性。

三、马克思关于经济危机周期规律及频率分析

在资本主义社会化大生产条件下，经济增长并不是平滑地向前发展，而是在波动中不断前进。之所以会这样，马克思认为根本原因在于资本主义基本矛盾运动的阶段性。资本主义基本矛盾是资本主义经济危机爆发的根源，并贯穿于资本主义经济社会发展的全过程。但是资本主义经济危机并不是每时每刻都在发生。马克思曾指出，只存在暂时的生产过剩的危机，而"永久的危机是没有的"。只有当社会再生产过程中的均衡关系与实现条件遭到严重破坏，资本主义基本矛盾不断激化直到无法调和的时候，资本主义经济危机才会每隔若干年爆发一次。经济危机用强制破坏的方法缓解了再

生产过程中比例失调的现象，使资本主义基本矛盾得到暂时的缓解。随着资本主义社会生产力的逐渐恢复，资本主义基本矛盾又重新激化，新一轮经济危机又再次爆发。只要资本主义制度依然存在，这种危机就像彗星一样有规律地反复出现。因此，资本主义经济危机的周期性，是资本主义经济不断走向危机与不断摆脱危机的过程。资本主义在其自身范围内是无法克服危机的，它克服危机的办法也不过是"准备更全面、更猛烈的危机的办法，不过是使防止危机的手段越来越少的办法"。这正如马克思所说："危机永远只是现有矛盾的暂时的暴力的解决，永远只是使已经破坏的平衡得到瞬间恢复的暴力的爆发。"

马克思通过对当时大部分资本主义国家爆发经济危机的数据加以考察，不仅揭示出经济危机每隔一段时间就会在资本主义国家周期性发生的特征，同时对经济危机周期的时间间隔作了一定的分析。最初，马克思认为经济危机大约每隔五年会出现一次，他曾在《贫困和贸易自由——日益迫近的商业危机》一文中指出"现代工商业在其发展过程中产生历时五年到七年的周期性循环"。随着研究的深入，马克思发现资本主义经济危机周期性的时间间隔恰好与固定资本更新的时间相一致。正如他在《政治经济学批判大纲》中所指出的"自从固定资本大规模发展以后,工业所经历的大约以十年为期的循环周期是和这样规定出来的整个资本再生产段落有密切联系的。"在危机发生之后,固定资本的大规模更新,促使萧条阶段的社会经济逐渐走向复苏和高涨,却不能使资本主义从根本上摆脱危机。而由固定资本大规模更新引起的劳动生产率和资本有机构成的提高,又为经济危机的下次到来准备了物质基础。因此"机器设备更新的平均时间,是说明大工业巩固以来工业发展所经过的多年周期的重要因素之一"。在其后出版的《资本论》第一卷中又明确提出"现代工业具有十年一次的周期,每次周期又有各个周期性的阶段,而且这些阶段在积累进程中被越来越频繁的相继发生的不规则的波动所打断"。马克思认为固定资本的更新为经济危机的发生提供了一定的物质基础,因为在他看来,一方面由于危机爆发后的萧条时期机器设备的价格较低,此时进行固定资本的更新换代成本最低,损失最小,有利于生产的恢复和发展;另一方面固定资本的大规模更新会促进资本有机构成的不断提高,从而加速资本积累和投资的扩张,为下一次更新产生新的需求。"虽然资本投下的时期是极不相同和极不一致的，但危机总是大规模投资的起点。因此，就整个社会考察，危机又或多或少是下一个周转周期的新的物质基础"。

尽管马克思强调经济危机具有周期性发生的特征，但是他并没有一味肯定这种周期循环的时间是固定不变的。马克思关于资本主义经济危机周期时间长短的分析，我们不能够机械地理解为是固定不变的，应该放到资本主义经济社会发展的历史中去考察。马克思指出，"大工业中最有决定意义的部门的这个生命周期现在平均为十年"。在周期性的危机中，营业要依次通过松弛、中等活跃、急剧上升和危机这几个时期。马克思虽然指出再生产周期大约为十年，但是，他也指出再生产周期的间隔并不是固定的，"直到现在，这种周期的延续时间是十年或十一年，但绝不应该把这个数字看作是固定不变的"。

四、经济危机周期性的物质基础

资本主义经济危机周期性的发展，是有其物质条件的。这个物质条件就是固定资本的更新。马克思指出："虽然资本投下的时期是极不相同和极不一致的，但危机总是大规模新投资的起点。因此，就整个社会考察，危机又或多或少是下一个周转周期的新的物质基础。"

固定资本的更新为什么是经济危机的物质基础呢？因为固定资本的更新为资本主义再生产摆脱危机提供了物质条件。经济危机对资本主义经济生活进行了猛烈的冲击，当危机中一些现象有所缓解的时候，便进入了萧条。这时，资本家所想的就是怎样提高劳动生产率，降低成本，尽快使自己的经济恢复和发展起来，其中一个很重要的方面，就是实行固定资本的更新。这时，由于社会游资充斥，利息率、商品价格水平、工资水平等都较低，这便为固定资本的更新提供了良好的客观条件。随着固定资本的大量更新，便带动了生产生产资料的部门和生产消费资料部门的发展，从而使资本主义经济复苏起来。

同时，固定资本的更新，又为资本主义再生产周期下一次经济危机的到来创造了物质条件。因为固定资本的大规模更新，意味着先进技术的广泛采用、旧设备为新设备所代替，从而使劳动生产率普遍提高，生产规模扩大，生产迅速地增长起来。同时，由于先进技术的采用，固定资本的大规模更新，使资本有机构成提高，相对过剩人口增加，对劳动者的剥削加重，其结果是劳动者有支付能力的需求下降。这样，资本主义生产迅速扩大的趋势和劳动者有支付能力的需求相对缩小之间的矛盾又尖锐起来，当社会再生产的比例遭到严重破坏时，经济危机又爆发了。

固定资本的更新，只是爆发周期性经济危机的物质基础，而不是爆发周期性经济危机的原因。如果没有资本主义生产方式，没有资本主义基本矛盾时而缓和时而尖锐的运动，固定资本的更新是不会引起经济危机的。马克思认为固定资本更新的平均时间（特别是大工业中最有决定意义的部门的固定资本的更新周期）决定了经济周期的长短。马克思说："简直可以毫无疑问，自从固定资本大规模发展以后，工业所经历的大约以十年为期的循环周期是和这样规定出来的整个资本再生产段落有密切联系的。"经济危机周期性的物质基础是固定资本更新，马克思说："就整个社会考察，危机又或多或少是下一个周期的新的物质基础。"因为，固定资本更新一方面为资本主义生产走出危机提供了物质条件，推动社会生产部门的恢复和发展，使资本主义经济逐渐由萧条转入复苏阶段。另一方面，又为下一次危机的到来创造物质前提，固定资本的更新使得社会生产在加强剥削劳动力的基础上迅速扩大，劳动人民有支付能力的需求相对缩小，造成生产和消费的脱节，从而蕴含着下次危机爆发的可能性。马克思认为资本主义危机是"作为盲目起作用的自然规律强制性地和破坏性地为自己开辟道路"。资本主义危机"永远是现有矛盾的暂时的暴力的解决，永远只是使已被破坏的平衡得到瞬间恢复的暴力的爆发"。因此，资本主义危机是资本主义经济比例失调的表现，并且成为强制地恢复平衡、以维持资本主义生产的条件。

固定资本更新是资本主义经济周期性的均衡性破坏和连接性中断得以恢复的物质基础。在处于经济危机期间，多数表现为大量的商品囤积在仓库，物价普遍下跌，难以销售，商品生产开始减少，一些实力相对较弱的企业破产倒闭，出现大量的失业人群，没有失业的工人工资随之下降。以前依靠信用制度获得资金来得以扩大生产的商品生产者无力支付到期的货币，这些现象让债务链条脱节，信用关系遭到沉重的破坏。"危机一旦爆发，问题就只是支付手段。但是因为这种支付手段的收进，对每个人来说，都要依赖于另一个人，谁也不知道另一个人能不能如期付款；所以，将会发生对市场上现有的支付手段，即银行券的全面追求。每个人都想尽量多地把自己能够获得的货币贮藏起来，因此，银行券将会在人们最需要它的那一天从流通中消失"。在危机中的一些以其他形式存在的债券的价格大幅下降，股票更是这样，危机期间，人们的投资变得愈发谨慎，一些汇票的流通会停止，每个人能接受的仅是现金支付。由于债务链条的脱节，在挤兑风潮中，大量的证券交易所、银行纷纷或被兼并或直接破产倒闭。经济危机的沉重打击过后，经济进入谷底停滞期，这时，借贷资本大量闲置，低利息率，产业资本家开始慢慢地恢复投资，出于竞争的需要对生产设备进行更新，带动了经济增长和生产的发展，进而使生产摆脱危机，经济开始缓慢复苏，新一轮的经济周期就这样开始，投资加速前进，经济被带到了繁荣阶段的顶端，这样下一次经济危机的条件也就出现了。

五、第二次世界大战后经济危机和再生产周期的特点

随着时代的进展、社会的进步，生产力与生产关系不断调整，资本主义基本矛盾呈现出有时缓和、有时尖锐的运动规律，随之变化，资本主义经济危机在内容与形式上也不断发生

变化。尤其是第二次世界大战后，受第三次科学技术革命的兴起以及生产和资本的国际化运行等因素的影响，资产阶级国家运用经济技术等手段加强对经济生活的干预，促使经济危机和再生产周期出现了新的特点。但也应该认识到，尽管150多年来资本主义制度不断作出调整和改良，但资本主义内在矛盾并没有发生根本性的改变。

第一，资本主义危机频繁爆发，社会再生产周期缩短。在资本主义自由竞争阶段，大体上十年左右爆发一次经济危机。在第二次世界大战前的帝国主义阶段，大约每隔七八年爆发一次经济危机。第二次世界大战以后，差不多五年就要发生一次经济危机。显然，战后的经济危机频繁，再生产周期缩短了。二战后主要资本主义国家经济危机平均周期分布图如图八所示：

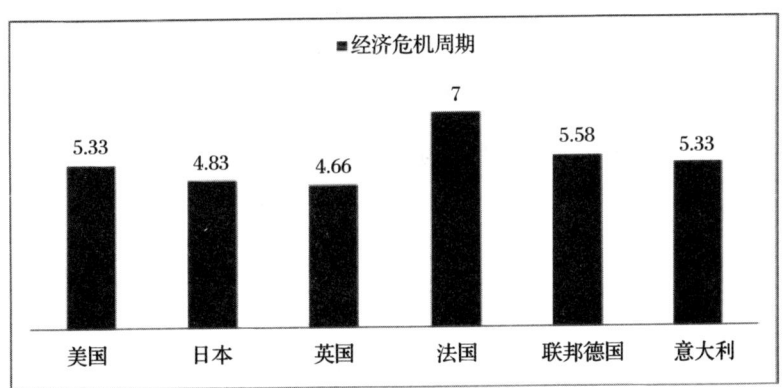

图八：二战后主要资本主义国家经济危机平均周期分布图

第二，经济危机呈现"同期性—非同期性—同期性"的演化规律。第二次世界大战前，由于资本主义世界市场的发展，各资本主义国家再生产周期运动具有统一性，经济危机的爆发有明显的周期性。第二次世界大战后，由于资本主义各国遭受战争破坏的程度和经济恢复的时间不同，使它们的再生产周期的恢复在时间上参差不齐。如美国1948—1949年经济危机爆发时，西欧各国和日本还处于战后的经济恢复过程，而当西欧的一些国家和日本爆发1951—1952年和1964—1966年经济危机时，美国则由于先后发动侵朝战争和侵越战争，使经济危机分别推迟到1953—1954年和1969—1971年才爆发，这段时期的危机明显地表现为非同期性。随着资本主义生产社会化的发展，特别是跨国公司的发展引起的生产和资本的国际化，使资本主义经济危机又由非同期性逐步转入同期性。1957—1958年，1973—1975年，1980—1982年爆发的世界性经济危机，就具有明显的同期性。

第三，生产过剩与通货膨胀交织并发，物价上涨与"滞胀"局面并存。第二次世界大战的自由竞争的资本主义时期，经济危机爆发时，伴随着现金短缺、信用收缩、物价大幅度下降的现象。第二次世界大战后，由于资产阶级政府大力推行增加货币发行量、推行通货膨胀措施、采取扩张信用和降低利率的金融政策、实行赤字财政政策等"反危机措施"，使危机期间物价不但没有跌落，反而出现持续上涨的通货膨胀现象。危机期间的通货膨胀和物价上涨，使过剩的商品不能充分消散，生产和消费的矛盾被积累下来，造成危机过后回升乏力，出现了生产长期停滞和失业率长期偏高的局面。"滞胀"局面的出现，是资本主义国家的一个新的难以医治的顽症。二战后美国经济危机与物价关系趋势图如图九所示：

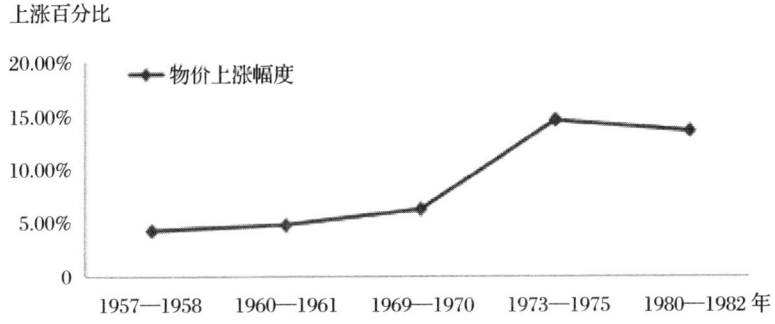

图九：二战后美国经济危机与物价关系趋势图

六、全球化下资本主义经济周期的新特征

随着经济全球化的日益深入，世界上各国之间经济的依存

度日渐提高，经济周期波动规律发生了新的变化，具有以下几个特征：

（一）经济周期波动幅度减小，经济危机相对温和

一方面，经济危机周期特征钝化，没有强劲的高潮，也没有明显的衰退，经济稳定增长的同时伴随着低失业率和低通货膨胀率；另一方面，经济危机复苏期延长，经济持续增长，造成这种变化的原因主要表现为：（1）政府加大宏观调控力度，以抑制通货膨胀为主要目标的宏观经济政策得到长期实施；（2）产业结构进一步优化升级，服务业比重不断提高，并成为制造业发展的重要条件；（3）企业管理体制和生产方式在不断变化，减少管理层次，实行小批量、多品种的"柔性生产"和将库存减少到最低限度的"精益生产"；（4）国际合作与协调机制也创造了一个相对稳定的国际金融和贸易环境，减少了因外部市场变化所引起的国内经济波动。

（二）经济周期趋同化

当前，世界主要国家的经济周期波动具有明显的趋同性，这是多种因素共同作用的必然结果。

第一，知识信息的可共享性。知识信息是无国界的，居于世界任意角落的人都可以有偿或无偿地使用。

第二，知识信息外溢性。世界主要国家的经济周期波动明显趋同，是由于知识经济发展的结果，与经济一体化、贸易自由化、资本自由化和电子信息技术的进步密切相关。

第三，知识信息扩散性的特点。知识经济使传统产业的衰退或复苏对整个周期的影响力减弱，并钝化了服务业的波动。信息网络化正从正面影响着商品流通、资金转移和劳动者的流动，大大缩小了各环节、各部门、各地区的不平衡，进而改变了其经济周期的波动。

第四，资本主义制度下，无止境地追求价值增殖的本性，使资本具有冲破一切空间限制向全球扩张的趋势。这就把资本与劳动、生产与消费、个别企业的有组织性与整个社会经济的无组织性的矛盾推向更高阶段和更广范围，世界经济的各种矛盾在全球性经济危机中集中暴露出来。

此外，还包括世界各国依赖程度加深；资本市场的全球化；通信技术的进步使得信息的速度传递等。

第六章　马克思经济危机理论的当代价值

马克思的经济危机理论博大精深，历经150多年岁月的洗礼，一直在持续地福荫后人。当代经济危机不确定因素增多，经济危机形式多变和不稳定，然而，马克思关于经济危机的本质和爆发的根本原因的论述依旧在发挥作用。本章在分析当代经济危机表现形式的基础上，系统分析马克思经济危机理论的正确性、科学性和预见性，并得出基本启示。

第一节　当代经济危机的表现

马克思的经济危机理论立足于资本主义社会基本矛盾，对于危机的发生发展有着深刻的见解，时至今日资本主义世界所发生的经济危机仍然没有超越马克思的分析。当代资本主义经济危机主要是指以原子能、空间技术、计算机技术等为代表的第三次科技革命后至今爆发的一系列形式各异的经济危机。究其根源仍然是生产相对过剩的危机，仍然是由资本主义社会的基本矛盾导致的，消灭危机的办法需要变革资本主义私有制。通过对当代资本主义经济危机的新特征和金融危机的解读，可以更好地印证马克思经济危机理论的正确性、科学性。

马克思之后资本主义经历了100多年的发展。尽管资本主义国家不断调整生产力与生产关系之间的矛盾，并在一定程度上缓和了社会矛盾的爆发，经济危机的影响呈现出影响范围广、持续时间长、突发性强和金融危机先导等一系列新特点。但生产资料的资本主义私人所有制没有改变，资本对利润疯狂追逐的贪婪本性没有改变。而马克思主义经济危机理论对于我们正确认识经济危机、准确把握经济危机规律以及合理解决经济危机问题提供了有力的参考和指导。所以，马克思经济危机理论可以解释当代资本主义经济危机。

一、由虚拟经济向实体经济蔓延

以往的危机往往爆发于实体经济，由实体经济中的产品生产过剩导致经济危机而进一步波及银行业、金融业引发金融危机。但当代资本主义经济危机却表现为发端于金融领域，1997年的亚洲金融危机和2008年的金融危机就说明了这一点，事实上，究其本质而言金融领域的危机仍然是生产的相对过剩。而信用是导致这一问题演化的基础，尽管信用不是资本主义经济危机的根本原因，但却是影响危机发展变化的一个重要因素。早在100多年以前马克思就对资本主义的信用进行了研究。

信用于经济领域而言，是一种经济上的借贷行为，这种借贷行为是建立在货币价值的借贷与偿还能力之上的，是以偿还为条件的价值的单方面让渡。马克思说："这个运动……以偿还为条件的付出，一般地说就是贷和借的运动，即货币和商品的只是有条件的让渡的这种独特形式的运动。"信用早在奴隶社会就诞生了，随着社会经济关系的不断变动发展，信用形式出现了"简单信用→商业信用→银行信用→虚拟资本"的变化。

信用的发展一方面起到了节省流通时间、节约流通费用、调节货币数量与流通速度等积极作用；另一方面信用也加剧了买与卖之间的分离，由于信用的存在借贷资本的运行不再以货币的形式来调节对生产数量的控制，这样生产与社会有效需求之间的鸿沟进一步拉大。信用对危机影响的深度、广度和速度都大大加强了，而以信用为基础的资本主义经济催生了更加发达的虚拟经济。

由于虚拟经济与实体经济的分离，虚拟经济具有了相对的独立性，金融市场发生危机的同时，实体经济的危机也在慢慢扩大，实体经济的生产过剩在不断加剧的同时，反映到虚拟经济领域的社会有效需求是在不断膨胀的，尤其是众多的金融衍生品进一步造成了需求过剩的假象，这样虚拟经济的运行就包含了危机的可能。当金融衍生品的发展相对过剩时就不可必免地会引发虚拟经济领域的动荡，造成金融危机，进而影响实体经济。虚拟经济危机传导机制示意图如图十所示：

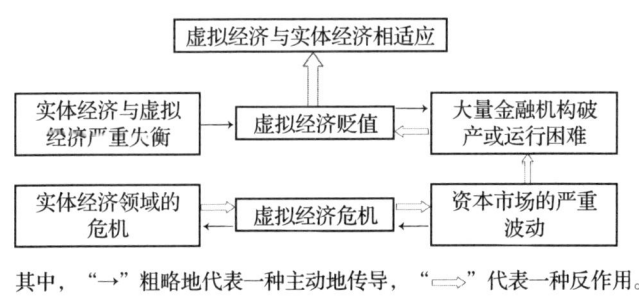

其中，"→"粗略地代表一种主动地传导，"⟹"代表一种反作用。

图十：虚拟经济危机传导机制示意图

二、隐蔽的生产过剩和过度的有效需求

当代资本主义经济危机与马克思时代的危机有很大不同。马克思研究的危机大多表现为有效需求不足，即资本主义生产的无限扩大和人们有支付能力的需求相对缩小之间的矛

盾，但当代的资本主义经济危机往往表现为需求"过度"。随着信用的发展，资本主义虚拟经济也在不断进行金融创新，各种金融衍生品不断出现并造成了社会需求旺盛的假象，社会需求的旺盛反过来更加刺激了金融产品的创新。也就是说除了实体经济中的生产过剩以外，虚拟经济中金融衍生品的生产也相对过剩了。由于危机发端于金融领域，而人们通过借贷消费等形式所表现出来的有效需求却是扩大的，因此这种生产的相对过剩就更加隐蔽了。

事实上经济危机是资本家为追求利益而利用信用进行生产的一种形式。一方面实体经济中存在生产过剩，发放贷款是为了缓解这种过剩，另一方面透支消费带来的并不是真实的有效需求，人们的购买力因为金融创新的发展而被放大了。一旦经济中出现波动，大量的贷款者因为无力清偿贷款而破产，那么危机就爆发了。

信用经济链条中断导致生产过剩的危机。马克思经济危机理论认为，在信用经济时代，经济危机随时随地都具备发生的可能。信用体系放开了收入和需求捆绑在生产扩张上的"绳索"，金融信贷形成大量虚假需求与惊人的虚拟资本，客观上推动着资本主义生产的无限扩张，加剧了过度投机与生产的盲目扩大，造成"信用的最大限度，等于产业资本的最充分的利用，也就是等于产业资本的再生产能力不顾消费界限的极度扩张"。事实上造成的生产过剩已经存在，只为等待信用链条的断裂，就会显示出它真正的威力，因此，"在生产过程的全部联系以信用制度为基础的生产制度中，只要突然停止，只有现金支付才有效，危机显然就会发生"。

经济危机与货币和金融危机是相互交织的。一方面，经济危机使资本的循环和周转过程遭到破坏，造成信用关系紊乱、银行倒闭、货币流通紧缩，导致货币和金融危机；另一方面，在生产过剩的危机还没有发生的情况下，银行、交易所和金融部门的投机活动以及虚拟资本的过度膨胀，也会导致货币和金融危机独立发生，这种货币和金融危机对工商业具有反作用。

经济危机实际上是资本生产过剩的一种形式，它内生于资本主义的基本矛盾之中。马克思理论认为："资本的生产过剩，仅仅是指可以作为资本执行职能即可以用来按一定剥削程度剥削劳动的生产资料（劳动资料和生活资料）的生产过剩；而这个剥削程度下降到一定点以下，就会引起资本主义生产过程的混乱和停滞、危机、资本的破坏。"现代资本主义社会高度扩张的金融系统、信用制度进一步恶化了这种"资本生产过剩"的内在矛盾。以金融衍生品为代表的各种金融技术一方面推动资本主义生产的进一步扩张；另一方面，使得制造泡沫来缓解和掩盖生产过剩的矛盾愈加成为资本主义经济生活的常态。这强化了资本主义生产的盲目扩张，各种投机活动滋生。

在马克思看来，危机往往是从在国际贸易中占绝对优势的经济大国形成并传播开来的，在当代世界，历次资本主义经济危机无一例外都发生在高度发达的资本主义国家，这些国家的过剩生产力在经历经济危机后遭到淘汰，社会经济达到强制的平衡，社会经济进入下一个循环周期。因此，危机很鲜明地具有策源地中心国性，资本主义经济危机发生在这些中心国家，然后通过经济往来向外传播。

第二节 马克思经济危机理论的正确性

马克思在唯物史观和剩余价值理论的基础上剖析了资本主义经济的内在矛盾，深度揭示了资本主义积累规律、剩余价值规律、资本有机构成不断提高规律等客观经济规律，科学地指出了资本主义经济制度的历史进步性和危机趋势。事实证明，马克思主义基本原理不仅没有过时，而且是认识资本主义社会制度，认识人类社会发展趋势的理论丰碑。

对此，经过100多年的实践检验后，后来的学者给予了极高的理论评价：法国后现代主义代表人物雅克·德里达认为："不去阅读而且反复阅读和讨论马克思（可以说也包括其他一些人），而且是超越学者式的'阅读'和'讨论'，将永远都是一个错误……不能没有马克思，没有对马克思的记忆，没有马克思的遗产，也就没有将来；无论如何得有某个马克思，得有他的才华，至少得有他的某种精神。"美国学者弗里德里·克詹姆逊在《论现实存在的马克思主义》一文中说："庆贺马克思主义死亡，正像庆贺资本主义取得最终胜利一样是不能自圆其说的。因为马克思主义是关于资本主义的唯一的科学；其认识论方面的使命在于它具有描述资本主义历史起源的无限能力。"美国学者约翰·卡西迪在谈到马克思时曾说过："不管他有什么错误，他确实是一个通晓我们的经济制度的人。只要资本主义继续存在，他的作品就值得拜读。"哲学家萨特认为："马克思主义非但没有衰竭，而且还十分年轻，几乎还处在童年时代，它才刚刚发展。因此，它仍然是我们时代的哲学；它是不可超越的，因为产生它的情势没有被超越。我们的思想不管怎样，都只能在这种土壤上形成。"与之相呼应，英国哲学家和政治思想史家以赛亚·柏林认为："19世纪的思想家，没有一个人像马克思那样对人类产生如此直接、深思熟虑和巨大的影响。"对此，诺贝尔经济学奖得主、美国著名经济学家保罗·萨缪尔森、威廉·诺德豪斯合著的、影响巨大的《经济学》一书中也给予了高度的认同，他们写道："同我们所概略考察过的大多数早期的理论不同的是，马克思主义的理论在今天仍具有生命力并起着至关重要的作用。"

一、马克思对资本主义经济危机根源分析的正确性

马克思在100多年前就科学揭示了经济危机的病根。马克思认为，资本主义经济危机的根源在于资本主义生产方式的内在矛盾。资本主义生产的社会性推动了生产力的巨大发展，但是生产力所生产出来的大量商品只属于少数资本家。如果这些商品不能顺利卖出去，资本家就不能获取剩余价值，再生产活动就会受阻。于是发生了生产的社会化和生产资料资本主义占有形式之间的矛盾，这一矛盾成为资本主义经济危机的根源。

经济危机本质是生产过剩，其遵循着这样的生成路径：

生产资料的资本家私人占有制度→资本和劳动收入分配的

两极分化→群众购买力不足→有效需求不足→生产过剩

由此循环往复，当量的积累达到一定的条件时，最终促进质的飞跃，即经济危机爆发了。马克思认为，资本主义经济发展具有周期性，经济危机往往是在资本主义发展到一定阶段以后才会发生，是周期性的发生。

随着资本的积累和生产力的发展，资本的有机构成不断提高。这一方面使单位资本对劳动力的需求相对减少，导致劳动力相对过剩；另一方面使单位资本所获得的平均利润率出现下降趋势，导致资本过剩。生产过剩、资本过剩和劳动力过剩之间互为补充、互为因果，推动资本主义经济危机不断爆发。

关于资本主义经济危机根源的分析，《资本论》里有这样一段描述："乍看起来，好像整个危机只表现为信用危机和货币危机。而且事实上问题只在于汇票能否兑换为货币。但是这种汇票多数是代表现实买卖的，而这种现实买卖的扩大远远超过社会需要的限度这一事实，归根到底是整个危机的基础。"由此可见，经济危机的根源不会因为形势的改变而发生变化。

关于金融危机，马克思认为，金融危机往往是经济危机的征兆，但金融危机并不一定必然带来经济危机，金融危机可以单独出现。金融危机的根本原因在于资本主义基本矛盾，直接原因在于具体的金融制度，金融系统超常发展是独立金融危机产生的条件。

马克思的经济危机理论，科学地揭示了资本主义周期性经济危机的不可避免性和客观必然性。只要资本主义的基本矛盾存在，经济危机就不可避免。经济危机从一个侧面揭示了资本主义经济发展模式不可持续性，它不可能成为人类社会发展的最终模式。

二、马克思关于虚拟资本与实体经济理论分析的正确性

马克思在《资本论》第三卷对虚拟资本作过精辟论述，深刻分析了虚拟资本的属性，虚拟资本的扩大和减少及其与实体资本运行的关系，天才地预见了虚拟资本发展对金融及经济危机的巨大影响。

马克思是最早系统研究虚拟资本的，也是第一个注意到虚拟资本对资本主义经济发展的作用和包含的风险。马克思认为，虚拟资本虽然没有价值，但是可以作为商品买卖，可以作为资本增殖。作为资产的预期性收入，虚拟资本的市场价格往往与其真实价值相背离，随着投机的对象，必然伴

随着市场风险。马克思指出，"在这里，一切都颠倒地表现着，因为在这个世界内，现实价格相对于它的现实要素不会在任何地方表现出来。这里并没有生产和商品的问题。如果说，货币的出现使商品的价格偏离了它的价值，那么虚拟资本的出现使信用获得巨大发展，使金融运动极度偏离了实际生产运动，使信用货币极大地背离了黄金货币"。

虚拟资本不代表现实的资本，但它通过深入到物质资料的生产、分配、交换、消费等经济生活中，推动实体经济运转，提高资金的使用效率。金融危机不在于存在虚拟经济而在于虚拟经济的过度发展，虚拟经济本身并不创造价值，必须依附于实体经济，一旦脱离实体经济，虚拟经济就会变成无根之草，催生泡沫经济。正是在虚拟资本背离实际经济的自循环过程中，货币与虚拟资本商品、与信用货币的对立显露出来，货币作为一般价值形式同虚拟资本的市场价值和信用货币的面额价值的矛盾积累起来，导致货币金融危机。

关于虚拟资本和实体经济的关系。经济危机常常表现为两种类型：一种是生产过剩的危机；另一种是银行信用的危机。当前的金融危机从表面上看似乎不是生产过剩的危机，而是银行信用的危机或货币危机，但事实上却与生产过剩的危机有着密不可分的联系。金融危机不过是金融资本从产业资本中独立出来后经济危机的特殊表现，其实质仍是生产相对过剩危机。马克思对虚拟经济危机和实体经济危机的关系作过论述：首先，虚拟资本是以实体资本为基础的。没有实体资本就没有虚拟资本。其次，之所以会出现作为现实生产过剩危机的先期表现的货币危机，是因为工商业危机的一切因素已经存在，货币危机是由工商业危机引起的。再次，货币金融危机是实体危机的预兆。金融危机的根源在于生产过剩及危机，金融危机作为工商业危机的一个阶段，是工商业危机的最一般的表现，因而金融危机和工商业危机，即实体经济领域的危机一样，根源在于群众有支付能力的需求不足及其相关联的生产过剩。最后，虚拟资本又独立于实体资本之外。它虽产生于并必须借助于实体资本，但又是从实体资本独立出来的另一套资本。由于信用的发展，虚拟资本积累的数量、发展的程度，往往超过现实资本的积累。马克思提出，商业票据的流通使虚拟资本成倍地扩大，并为泡沫的破裂留下了隐患。随着虚拟资本的发展，金融衍生工具越来越多，投资避险方式和工具越来越多，但同时投资的风险越来越大。随着虚拟经济的发展，信用制度的内在矛盾会随之越演越烈，最终就会酿成区域性的泡沫经济和经济危机。由于资本主义的生产社会化和生产资料私人占有的基本矛盾，经济危机若干年爆发一次的周期性现象就不可避免，资本主义经济发展的历史同时也是经济危机周期性发生的历史。

马克思分析了信用制度与经济危机的关系。他认为，货币信用制度在危机的形成和发展中发挥着重要的作用，是金融危机的重要环节，信用和股份制的作用日益增强，成为资本积累的强有力杠杆和资本主义经济发展的必然结果。因为信用造成了一种虚假需求，隐蔽了生产过剩的事实，促使了资本主义生产盲目扩大和投机活动，最终必然导致生产过剩，这时会出现债务偿付危机，信用出现紧缩。在这种情况下，"货币会突然作为唯一的支付手段和真正的价值存在，绝对地和商品相对立"。人们对货币的追求成为一个普遍的现象，在"一个接一个的支付的锁链的抵消支付的人为制度"遭到破坏的时候，危机必然爆发。事实上，信用创造出了巨大的过剩生产能力和大量的虚假需求。

马克思认为，金融危机与经济危机具有伴生性。正如经济危机中表现出来的那样，金融资本的疯狂积累和扩张，一边形成巨大的过剩生产能力和大量的虚假需求，导致生产过剩；一边在监管不力的情况下，被资本的趋利属性推动着进行过度投机，导致金融危机爆发，那么，过剩的生产能力和虚假需求的负面效应凸显出来，生产过剩的危机随之爆发。马克思指出："如果说危机的发生是由于买与卖的彼此分离，那么，一旦货币执行支付手段的职能，危机就会发展为货币危机，在这种情况下，只要出现了危机的第一种形式，危机的第二种形式就自然而然地要出现。"

第三节　马克思经济危机理论的科学性

金融危机虽然表现为货币信用危机，实质上是生产相对过剩的危机，源于资本主义基本矛盾。马克思说："在再生产过程的全部联系都是以信用为基础的生产制度中，只要信用突然停止，只有现金支付才有效，危机显然就会发生，所以乍看起来，好像整个危机只表现为信用危机和货币危机。"在资本主义早期，货币危机一般是伴随经济危机而来的。货币危机常常是作为生产相对过剩经济危机的引信出现的，因此货币危机并不是经济危机的根源，而是经济危机所带来的后果或表现形式。

马克思认为，发达的资本主义经济是信用经济，这种信用经济就是虚拟资本的膨胀发展运动，是虚拟经济。虚拟经济的盲目发展孕育了危机，实体经济的有限购买力相对缩小进一步加剧了危机。马克思指出："一旦劳动的社会性质表现为商品的货币存在，从而表现为一个处于现实生产之外的东西，独立的货币危机或作为现实危机尖锐化的货币危机，就不可避免。"纵观二战后历次世界经济危机，虚拟经济都对经济危机的发生发展产生了重要影响。无一例外，虚拟经济的盲目扩大并严重超出社会有效购买力或支付力就导致了危机。

在马克思主义看来，资本主义全球金融危机的根本原因在于资本主义基本矛盾，其具体表现为生产的社会化和生产资料的私人占有之间的矛盾以及广大群众消费力不足和生产无限供给之间的矛盾。社会化的生产要求首先考虑和满足社会对于商品和服务的实际需求，在品种和数量上使生产与需求相一致；但在资本主义私人占有制下，由于获利动机的驱使和竞争的压力，各单个资本都会尽快地和尽可能地在可以获利的行业或产品上迅速扩大生产与投资，形成某些行业或产品生产超过社会需求的过热和过度扩张，造成生产相对过剩。

关于经济危机可能性论述的科学性。第一，商品买和卖在时间和空间上的分离使货币和商品的转化出现随机性、不确定性，包含了危机的可能性。商品和货币的转换，即商品生产和价值实现过程就包含着中断或危机的可能性。正如马克思所言："货币危机是任何普遍的生产危机和商业危机的一个特殊阶段，应同那种也称为货币危机的特种危机区分开来。后一种货币危机可以单独产生，只是对工业和商业发生反作用。"第二，随着信用的发展，货币作为支付手段包含着危机的另一种可能性。在物物交换时代是不可能有危机的，只有在商品经济时代，"如果货币作为支付手段发挥作用的结果是彼此的债权相互抵消，也就是说作为支付手段的货币中潜在地包含着的矛盾没有成为现实；因此，如果危机的这两种抽象形式本身并没有实际地表现出来，那就不会有危机"。当这种矛盾成为现实，危机的爆发就有可能。第三，马克思再生产理论说明，两大部类之间以及每个部类内部都应保持一定的比例关系，社会再生产才能顺利进行。资本主义生产是社会化大生产，生产的社会化使各个企业和部门之间的相互联系和相互依赖日益紧密，要求资源在它们之间的分配或配置保持一定的比例关系。同时，整个社会经济的运动却受私人利益支配和市场竞争调节。但是，在资本主义社会中，再生产所需要的比例关系，经常遭到破坏，资本主义经济是在繁荣和危机的周期循环中发展的，经济危机是一种必然现象，这种必然性根源于资本主义的基本矛盾，即生产社会化和资本主义的私人占有制之间的矛盾。

第四节　马克思经济危机理论的预见性

马克思一生专注于对资本主义制度的研究，建立在唯物史观的分析方法之上的理论成果具有预见性和前瞻性。一方面，通过对信用等现代金融工具的分析，得出了经济危机环境下虚拟经济与实体经济之间的作用关系和传导机理，即爆发于虚拟经济领域与爆发于实体经济领域的危机有着同样的根源。虚拟经济与实体经济的脱节验证了马克思所指出的资本主义生产相对过剩的经济危机是以货币危机或信用危机为先导的观点，并科学的预测出了100多年后经济危机爆发的原因和形式，体现了马克思经济危机理论的预见性；另一方面，通过对资本主义制度基本矛盾不可调和性的分析，得出了资本主义必然灭亡，社会主义制度必然胜利的预见。

一、当代资本主义对生产关系的自我调整并没有消灭资本主义基本矛盾

资本主义基本矛盾运动的曲折性决定了社会主义代替资本主义的长期性。事实上，在资本主义的发展过程中，总是伴随着生产关系的调整和经济体制的变革。现代科技革命成果的运用使劳动生产率得到大大提升，社会财富的增加又为资产阶级缓和矛盾准备了充足的物质技术基础，从而使资本主义的基本矛盾表现出时而缓和、时而激化的特点，延长了资本主义的寿命。因此，马克思曾指出："无论哪一个社会形态，在它们所能容纳的全部生产力发挥出来以前，是决不会灭亡的。"

然而，当代资本主义对生产关系的调整是有条件的，无论是对所有制结构进行的调整、对经济运行机制进行的调整、对分配关系进行的调整等，都是在不触动资本主义根本制度和根本利益前提下进行的对生产关系作出的局部调整。这虽然在一定程度上缓和了资本主义的阶级矛盾，为经济发展和社会稳定创造了条件。但也仅限于对资本主义制度的一种"自我修补"，并没有改变无产阶级的雇佣劳动地位，也

不是生产关系的根本性变革，因此，也就不能消除资本主义的内在基本矛盾。总之，当代资本主义在其制度范围内对生产关系所作的调整，仅仅改变了基本矛盾的表现形式，不但没有消除基本矛盾，反而使其在新的基础上得到了积累和深化。正如马克思曾所言："资产阶级除非使生产工具，从而使全部社会关系不断地革命化，否则就不能生存下去。"

从当代资本主义发展的实际情况来看，它所能容纳的全部生产力并没有完全发挥出来，仍然有发展的空间，这就决定了资本主义离最后灭亡的时间还会有一段不短的过程，而且资产阶级对生产关系的自我调节能力还尚未用尽，当代资本主义是暂时不会退出历史舞台的。

在当代，资本主义经济的基本矛盾随着生产力的发展有不断加深的趋势，以致经济危机具有加重的趋势。一方面，生产力的发展使生产能力不断扩大，生产的集中和垄断日益加强，社会化程度不断提高；另一方面，生产力的发展表现为资本力量的加强，财富占有和分配的两极分化，垄断组织的利益与社会利益冲突的加剧，生产的无政府状态更加严重，从而也使经济危机具有不断加剧的趋势。

二、经济危机暴露了资本主义制度的历史过渡性

经济危机是资本主义基本矛盾发展到对抗程度的表现，同时又是这一矛盾暂时和强制的解决，它暴露了资本主义制度的历史的、过渡的性质。经济危机期间，机器设备和商品被大量销毁，生产力遭到巨大破坏。资本主义生产关系已经不能驾驭社会化的生产力，以至于只有通过大规模破坏生产力，才能使生产关系和生产力的对抗性矛盾得到暂时解决。这表明以资本主义私有制为基础的资本主义生产关系，同在这种生产关系下发展起来的社会生产力存在着深刻的矛盾。

资本主义制度已经严重成为生产力发展的桎梏。经过危机时期对生产力的破坏，引起生产的缩减，使生产和消费的矛盾趋于缓和，再生产的比例关系强制性地达到平衡。但是，经济危机在强制解决资本主义现有矛盾的同时，又使资本主义所固有的各种矛盾进一步加深了。生产力的发展，必然要冲破资本主义生产关系的束缚，要求以生产资料公有制为基础的社会主义生产关系来取代资本主义生产关系。

当前，资本主义全球金融危机并未超越马克思主义关于经

济危机的理论视野，并未摆脱资本主义制度内的基本矛盾。资本主义全球金融危机再次向世界证明，马克思主义关于资本主义周期性经济危机和资本主义生产方式必然灭亡、社会主义必然代替资本主义理论的科学性。

三、马克思通过对资本主义基本矛盾的分析得出"两个必然"的科学论断

马克思指出："生产资料的集中和劳动的社会化，达到了同它们的资本主义外壳不能相容的地步，这个外壳就要炸毁了，资本主义私有制的丧钟就要响了，剥夺者就要被剥夺了。"在资本主义制度条件下，"一旦有适当的利润，资本就大胆起来，如果有10%的利润，它就保证到处被使用；有20%的利润，它就活跃起来；有50%的利润，它就铤而走险；为了100%的利润，它就敢践踏一切人间法律；有300%的利润，它就敢犯任何罪行甚至冒上绞架的危险"。资本的贪婪属性与资本主义制度的不谋而合，决定了资本主义的必然灭亡的时代趋势。

资本主义从诞生之日起，就存在着在它自身范围内无法克服的矛盾。一方面，资本主义生产力的高度发展，使其生产日

益社会化；另一方面，生产资料的私有制又使社会财富越来越集中到少数资本家的手中，这就造成了生产的社会化同生产资料的资本主义私有制之间的矛盾。这对矛盾是资本主义社会一切矛盾的总根源，是资本主义的基本矛盾。资本主义创造出了社会化的生产力，却又无力驾驭它，社会化大生产在促进资本主义经济发展的同时，也在不断地冲击资本主义制度，造成社会动荡和经济危机的出现。因此资产阶级的灭亡和无产阶级的胜利是同样不可避免的。

资本主义作为一个庞大的世界体系决定了其向社会主义的转变是一个漫长而又复杂的历史过程。无论从资本主义已走过的路程，还是从社会主义发展状况来看，社会主义取代资本主义将是一个漫长的过程。事实上，资本主义不是人类永恒的制度。经济危机周期性爆发已经表明：资本主义制度作为一种社会制度已走进了死胡同，走到了生产力发展的反面，失去进步性。人类社会发展的经验表明，社会主义取代资本主义是历史发展的必然走向，也是人类社会发展的总趋势，这是任何力量都无法阻挡的。

马克思恩格斯创立科学社会主义至今一个半世纪以来，社会主义与资本主义两大力量、两种历史走势生死博弈的风风雨雨，充分印证了马克思主义经典作家关于资本主义必然灭亡、社会主义必然胜利的历史发展大趋势的科学论断是颠扑不灭的真理，雄辩地证明了社会主义、马克思主义的旺盛生命，昭示了社会主义与马克思主义的历史命运。

第五节　马克思经济危机理论的当代启示

马克思经济危机理论是马克思主义经济学说的重要组成部分，是研究自由资本主义现实经济危机的产物，他将经济危机分析放在整个人类社会的历史发展过程中来考察，其理论具有旺盛的生命力，时至今日，仍旧具有重大的现实意义。

马克思认为，经济危机本质上是一种制度现象，是资本主义生产相对于劳动者有效需求的过剩。导致危机的最深刻根源是资本主义经济的基本矛盾，即生产的社会性与生产资料资本主义私人占有制之间的矛盾。虚拟经济的恶性发展是金融危机的诱因，其根源则在于资本主义基本矛盾。只要存在资本主义生产资料私有制，就必然存在资本私人占有与社会化大生产的矛盾，就必然出现经济危机。只有消除危机产生的根源，才能从根本上消除危机。

　　国家对经济的全面干预和调节，是资本主义基本矛盾发展的必然结果，是资本主义生产关系在资本主义制度范围内的调整。资本主义国家宏观调控经济运行机制干预和调节是对资本主义制度的一种"修补"，是在不触动资本主义私有制基础上进行的，其目的是维护资本主义制度，从而在一定程度上缓解了资本主义的基本矛盾，延长了资本主义的寿命。但国家的干预只能在一定程度上、一定范围内影响经济的发展，它不可能从根本上根除资本主义的基本矛盾。资本主义的经济发展，仍然受经济周期规律的制约和支配，与经济危机相伴。

　　诚然，资本主义生产社会化和生产资料私人占有制的基本矛盾得不到解决，资本主义经济危机就会持续存在和爆发。金融危机作为经济危机的形式，在当代经济危机中扮演的角色越来越重要。因此，从金融层次进行预防、延缓和推迟经济危机的发生，具有一定的现实意义。一方面，金融机构要增强风险管理能力，应避免金融创新技术的滥用，要将金融创新活动与其他传统业务的风险进行统一管理，纳入到统一的风险管理体系中，构建全面风险管理体系。另一方面，金融衍生产品的创新应以实体经济的发展为根基，防止过度衍生化，提高风险的透明度。当然，这只是所有技术工具中的一个方面而已，在资本主义制度下不发生改变的条件下，预防经济危机的生发机制是一项复杂的系统性工程，但是，仅局限于预防而已，理论上无法杜绝经济危机的发生，也无法摆脱经济危机的魔咒。